CHAQUE PIÈCE, 20 CENTIMES.
368ᵉ ET 369ᵉ LIVRAISONS.

THÉÂTRE CONTEMPORAIN ILLUSTRÉ

MICHEL LÉVY FRÈRES, ÉDITEURS,
RUE VIVIENNE, 2 BIS.

LES CROCHETS DU PÈRE MARTIN

DRAME EN TROIS ACTES

PAR

MM. CORMON ET E. GRANGÉ

Musique de M. FOSSEY. — Direction de M. A. HARMANT

REPRÉSENTÉ POUR LA PREMIÈRE FOIS, A PARIS, SUR LE THÉÂTRE DE LA GAITÉ, LE 3 AOUT 1858.

DISTRIBUTION DE LA PIÈCE:

LE PÈRE MARTIN	MM. PAULIN MÉNIER.	UN GARÇON D'HOTEL	MM. PROVOST.
ARMAND MARTIN, son fils	CHARLES LEMAITRE.	LE MARQUIS	VICTORIN.
FÉLICIEN, ami d'Armand	GOUGET.	GENEVIÈVE, femme de Martin	Mᵐᵉˢ VIRGINIE MARTIN.
CHARANÇON	DERVILLE.	AMÉLIE, leur filleule	AMÉLIE MONGEAL.
LAURENT, domestique d'Armand	ALEXANDRE.	OLYMPIA	ADORCY.
LE CAPITAINE DUBOURG	JULLIAN.	GEORGINA	MARIA.
LE VICOMTE	GASTON.	PAMPETTE	MATHILDE.
BASTIEN, jardinier	CHEVALIER.	CÉLINA	BLANCHE OLGA.
GÉRARD, pilote	AUBRY.	DEUX AMIS, GARÇONS DE RESTAURANT, HOMMES DU CHEMIN DE FER,	
UN MATELOT	JANNIN.	VOYAGEURS, COMMISSIONNAIRES, BOURGEOISES.	

— Droits de représentation, de reproduction et de traduction réservés. —

ACTE PREMIER.

A Auteuil

Un jardin avec pavillon sur le côté; grille au fond; sur le devant, à gauche, une tonnelle sous laquelle est un hamac.

SCÈNE PREMIÈRE.

ARMAND, FÉLICIEN, LE VICOMTE, AMIS.

(Une table de jeu est dressée au milieu du théâtre; de chaque côté une table de jardin chargée de pots à tabac, de pipes et de bouteilles à champagne. — Armand est couché dans le hamac. — Félicien et ses amis sont diversement groupés. — Tous sont profondément endormis. — Les chapeaux, les habits sont pendus aux arbres.)

FÉLICIEN, rêvant.
Dix louis... je fais dix louis!...

ARMAND, de même.
Olympia!.. chère Olympia!.. dites-moi que vous m'aimez.

LE VICOMTE, ronflant.
Rr!.. Rr!.. Rr!..

FÉLICIEN.
Dix louis!... du champagne!.. (Moment de silence.)

SCÈNE II.

LES MÊMES, LAURENT, CHARANÇON.

LAURENT, annonçant.
M. Charançon.

CHARANÇON, s'avançant le chapeau à la main et saluant.
Messieurs, j'ai bien l'honneur... (Il s'arrête étonné à la vue des

dormeurs. — A Laurent.) Qu'est-ce que tu me disais donc, farceur, que ces Messieurs étaient au jardin, en train d'étudier leur Code?

LAURENT.
Dame! Monsieur, c'était ma consigne.

CHARANÇON.
Le code du lansquenet et de la bouillotte, professé par le docteur Champagne.

LAURENT, versant un verre de champagne.
Si Monsieur en désire un verre pour se rafraîchir?.. Car il fait crânement chaud, et Auteuil n'est pas à la porte Saint-Denis.

CHARANÇON, prenant le verre.
Donne; ça sera toujours autant de rattrapé; car c'est mon or et mes billets de banque que ces gaillards-là étaient en train de boire et de jouer.

LAURENT, riant.
Oui, Monsieur... oui!.. Eh! eh! eh!..

CHARANÇON, les examinant l'un après l'autre.
Armand Martin... Félicien Laroche... le marquis... le petit vicomte... Voilà tous mes capitaux éparpillés.

LAURENT.
En avez-vous de cet argent qui dort!

CHARANÇON.
Ça me fait une belle jambe... (Trinquant.) A ta santé, mon garçon.

LAURENT.
Monsieur, vous me faites honneur... (Ils boivent et posent leurs verres.) Si je réveillais ces Messieurs?

CHARANÇON, l'arrêtant.
Un instant!... (L'entraînant dans un coin du théâtre.) Dis donc? Tu es un serviteur fidèle... incapable de trahir tes maîtres...

LAURENT.
Oh! pour ce qui est de ça....

CHARANÇON.
Je t'ai apprécié depuis longtemps, mon garçon.. (Tirant cinq francs de sa poche.) Tiens, voilà cinq francs. (Laurent les prend. — Confidentiellement.) Qu'est-ce que c'est que cette maison?

LAURENT.
C'est une maison que mon maître a achetée dernièrement pour passer l'été à la campagne.

CHARANÇON, avec insinuation.
Achetée... et payée?

LAURENT, d'un air malin en clignant l'œil.
Soi-disant.

CHARANÇON.
Et le mobilier?

LAURENT.
Il l'a acheté aussi...

CHARANÇON.
Et payé... de la même monnaie?

LAURENT, toujours malicieusement.
De la même monnaie. — Dame!.. tout le monde sait que le papa Martin est riche, que M. Armand est fils unique et que tôt ou tard...

CHARANÇON.
Naturellement. Et depuis que ton maître a acheté sa propriété?..

LAURENT.
On pend la crémaillère tous les jours.

CHARANÇON.
Vient-il ici des dames?

LAURENT, avec un sérieux comique.
Oh! non, Monsieur; il n'y vient que des demoiselles.

CHARANÇON.
Et là-dedans, est-ce gentil?

LAURENT.
C'est esplendide! Mon maître n'est pas un rat capable de se refuser quoique ce soye.

CHARANÇON, à part.
Pour ce que ça lui coûte!

LAURENT, montrant le pavillon.
Si Monsieur veut jeter un coup d'œil dans les appartements?

CHARANÇON.
Volontiers. (A part.) Je ferai mon petit inventaire à vol d'oiseau.

LAURENT.
Monsieur verra que je suis incapable d'en imposter à quiconque.

CHARANÇON, à part.
Si le vendeur n'a pas pris hypothèque, je sais bien à qui la maison reviendra avec le mobilier,.. esplendide. (Il entre dans la maison avec Laurent qui lui désigne plusieurs meubles. — La voix s'éteint insensiblement. — Nouveau silence.)

SCÈNE III.

ARMAND, FÉLICIEN, AMIS.

LE VICOMTE, ronflant.
Rl.. rl.. rl..

FÉLICIEN, s'éveillant brusquement.
Hein!... qu'est-ce qu'il y a?... il tonne?... (Le vicomte ronfle.) Eh!.. c'est cet animal de vicomte. (Lui poussant le pied avec le sien.) Eh! Jupiter!.. tais-toi donc!.. tu vas faire pleuvoir.

LE VICOMTE, s'éveillant.
Hein! plaît-il?

FÉLICIEN.
Tu ronfles comme un baryton de province... (Tous les amis se réveillent.)

LE VICOMTE.
Pardon, Messieurs, je me croyais au cours de droit romain.

FÉLICIEN.
Moi, j'avais une chance d'homme marié... Je gagnais en rêve des sommes fabuleuses... et je me réveille avec cinq centimes. (Il les tire de sa poche).

LE VICOMTE.
C'est tout ce qui te reste?..

FÉLICIEN.
J'ai mis ça de côté pour mes créanciers!

LE VICOMTE.
Et puis ces gens-là se plaindront!

FÉLICIEN, se levant.
Il paraît que nous avons tous bien dormi.

LE VICOMTE.
Il fait si chaud!...

FÉLICIEN, regardant Armand dans son hamac.
Messieurs!.. regardez donc Armand. Dort-il bien, ce monstre-là!.. quel calme, quelle sérénité!..

LE VICOMTE.
On dirait le sommeil de l'innocence!

FÉLICIEN.
Tu as vu dormir l'innocence, toi? tu es malin!

ARMAND, rêvant.
Olympia! chère Olympia!

FÉLICIEN.
Tiens!.. voilà l'innocence de notre ami qui voyage dans les coulisses de l'Opéra.

ARMAND, rêvant toujours.
Chère Olympia... je l'adore!

FÉLICIEN, lui secouant le bras.
Eh! là-bas!.. Faisons des bêtises pour les femmes, mais n'en disons pas.

LE VICOMTE, pendant qu'Armand se réveille, prenant le bras de Félicien.
Il paraît qu'il en tient ferme pour cette jeune élève de Terpsichore?

FÉLICIEN.
Dame!.. elle lui résiste.

LE VICOMTE.
Que c'est bête! une danseuse!

FÉLICIEN.
Elle a des idées de mariage, elle rêve le matrimonium.

LE VICOMTE, étonné.
Le matrimonium! (Riant.) Cette fille-là finira mal.

ARMAND, descendant de son hamac.
Quelle heure est-il donc?

FÉLICIEN.
Quatre heures, cher ami.

LE VICOMTE.
Et, si je ne me trompe, c'est à six, que ces demoiselles nous ont donné parole.

ARMAND.
Qu'allons-nous faire jusque-là?..

FÉLICIEN, cherchant.
Voyons donc! Nous avons bu, fumé...

LE VICOMTE.
Joué...

ARMAND.
Dormi... Tout ce qu'on peut faire sans se crétiniser.

FÉLICIEN, prenant un livre sur le guéridon de droite.
Si nous jetions un petit coup d'œil sur notre Code, qui se trouve là, par hasard?

ARMAND.
Ah! tu nous ennuies, avec ton Code.

FÉLICIEN.
Ça nous changera. Et puis, il y a des chapitres intéressants... de la donation... de la succession... Ah!.. ah! la succession vous fait venir l'eau à la bouche, mes petits agneaux!..

ARMAND.
Ah! ouiche!... des successions qu'il faut attendre pendant

des siècles... et qui vous arrivent quand on n'a plus de dents.

LE VICOMTE.

Ma foi... autant les manger d'avance.

FÉLICIEN, lisant.

De la contrainte par corps...

ARMAND, lui arrachant le livre des mains.

Ah çà, veux-tu bien te taire, animal!..

LE VICOMTE.

Il finirait par nous porter malheur!

TOUS.

Au diable le Code!

ARMAND, reposant le Code où il était.

Qu'est-ce que c'est que cette rage de travail qui te prend tout à coup?

FÉLICIEN.

C'est vrai... il y a des instants où l'on ne pense qu'à mal faire. Tiens!.. une idée... Voilà très-longtemps que je suis sans nouvelles de ma famille.

LE VICOMTE et les autres.

Moi aussi... moi aussi...

FÉLICIEN.

Ça m'inquiète. Si nous écrivions pour demander de l'argent?

ARMAND.

Allons donc!.. écrire des lettres pleines de bourdes et de mensonges sur nos travaux, nos examens; thème usé, rebattu cent fois, et qui nous vaudra, s'il réussit encore, l'avance d'un mois de pension pour tout potage, quelque chose comme une centaine de francs.

FÉLICIEN.

Ça payerait toujours mes cigares.

LE VICOMTE.

Fi donc!... des gentilshommes ne mentent pas pour si peu! Il n'y a plus que les garçons épiciers qui se permettent ces scélératesses-là.

ARMAND.

Mais, nous, Messieurs, nous entendons autrement la vie et nous taillons dans le grand! Nos maîtresses ont des cachemires et des diamants, nous les promenons au bois dans d'élégantes voitures, nous louons pour elles des avant-scènes à toutes les premières; nous avons des maisons de campagne, des chevaux, des domestiques et des dettes!.. de bonnes dettes bien grasses, bien rondes, des dettes qui croquent l'avenir au profit du présent... Voilà la vie, la vraie vie... courte et bonne, n'est-ce pas, Messieurs?.. et après nous, la fin du monde!

FÉLICIEN, criant.

Au voleur! au voleur!

ARMAND.

Comment, au voleur?

FÉLICIEN.

Tu m'as chipé ce discours-là; je reconnais mes principes, mes phrases... Tu n'es qu'un plagiaire; c'est égal, embrasse ton professeur.

ARMAND, riant.

As-tu fini?..

FÉLICIEN, le prenant à part.

Dis donc, tu n'étais pas si monté que ça hier, en pensant à l'échéance de demain?.. et surtout à la parure de chez Jannisset que tu as promise à Olympia.

ARMAND.

Ah! c'est qu'hier j'étais à sec... et aujourd'hui...

FÉLICIEN.

Tu es en fonds?

ARMAND.

Pas encore... mais... j'ai écrit à Charançon... il m'a fait répondre qu'il viendrait. Je l'attends et j'espère...

FÉLICIEN.

Qu'il financera?

ARMAND.

Comme tu dis!

FÉLICIEN.

C'est que... tu lui en dois déjà pas mal, au papa Charançon.

ARMAND.

Raison de plus... il a intérêt à me soutenir.

FÉLICIEN.

Tu entends le commerce!

LE VICOMTE, se rhabillant.

Messieurs, en attendant ces dames, je propose d'aller faire un tour aux courses... nous ferons quelques paris... je suis en veine...

TOUS, de même.

Bravo!.. bravo!.. adopté!

ARMAND.

Eh bien, partez devant. Moi, j'attends quelqu'un, mais je ne tarderai pas à vous rejoindre avec Félicien. Et à six heures,

n'oubliez pas que le dîner sera sur la table. J'ai donné mes ordres à Potel et Chabot.

FÉLICIEN, d'un ton doctoral.

Vous entendez, jeunes gens, à six heures précises, ouverture du cours de gastronomie transcendante et expérimentale. Accourez pleins d'une noble ardeur, venez combler les vœux de ces respectables bonnets de coton qui, du fond de leur province, suivent avec orgueil les progrès de leurs enfants... venez!.. (En riant.) On dansera au dessert!

TOUS.

Partons! partons! (Le vicomte et les autres jeunes gens sortent.)

SCÈNE IV.

ARMAND, FÉLICIEN, puis CHARANÇON.

FÉLICIEN.

Ah çà! tu dis donc que notre ami Charançon...

ARMAND.

Devrait être arrivé déjà, et je t'ai retenu pour me donner la réplique.

FÉLICIEN.

Compte sur moi.

CHARANÇON, sortant de la maison.

C'est charmant!.. c'est d'un goût...

ARMAND.

Hein!.. comment?.. par où diable êtes-vous passé?

CHARANÇON.

Vous dormiez... je n'ai pas voulu troubler votre sommeil et j'en ai profité pour visiter votre villa.

FÉLICIEN, lui prenant les deux épaules par derrière pour l'empêcher de se retourner.

Bonjour, grande canaille! corsaire!.. marchand de chair humaine!

CHARANÇON, riant.

Ah! inutile de demander l'auteur. Il n'y a que mon ami Félicien Laroche qui ait de l'esprit comme ça.

FÉLICIEN, lui portant des bottes.

De quoi!... de quoi!.. nous voulons être mordant? une... deux... (Lui prenant la main amicalement.) Bonjour; ça va bien?.. et les affaires?..

CHARANÇON.

Très-doucement!.. la vie est rude à gagner.

FÉLICIEN.

Oui, oui, nous la connaissons celle-là; il faudrait en chercher une autre, mon bonhomme! Ça gagne des tonnes d'or et ça crie misère! ah! ah! farceur!

CHARANÇON, riant à moitié.

Est-il drôle... est-il gai, ce cher Félicien!

FÉLICIEN.

C'est à vous que je dois ça... Tant que j'ai eu de l'argent à moi, j'étais triste comme un amoureux de vaudeville. Depuis que vous m'avez plumé, je folichonne du matin au soir; égayez donc aussi ce brave Armand.

CHARANÇON, à Armand.

Vous êtes triste?

FÉLICIEN.

Mais non... il a encore quelques espérances à manger, ça le gêne, ça le taquine.

ARMAND.

Félicien est un fou, laissez-le divaguer, mon cher Charançon, et ce soir soyez des nôtres. Je réunis quelques amis; vous deviez en être...

FÉLICIEN.

Comme le plus cher!..

CHARANÇON.

J'accepte de grand cœur... j'aime la jeunesse... ça me rajeunit... Mais vous auriez dû me prévenir... il y aura sans doute des demoiselles?

FÉLICIEN.

Non, Monsieur, il ne vient ici que des dames.

CHARANÇON.

Ah! (A part.) Il ne s'accorde pas avec le domestique. (Haut.) J'aurais fait un bout de toilette.

ARMAND.

Vous aurez le temps.

CHARANÇON.

De retourner à Paris?

FÉLICIEN.

Avec le chemin de fer, c'est à deux pas.

LES CROCHETS DU PÈRE MARTIN.

ARMAND.

Et j'ai besoin que vous me rendiez un petit service.

CHARANÇON.

Très-volontiers.

ARMAND.

Je voulais vous prier de me rapporter huit ou dix mille francs...

FÉLICIEN.

Et un melon!

CHARANÇON.

Va pour le melon!... je m'en charge!.. mais quant au reste...

FÉLICIEN.

Bah! l'un portant l'autre...

CHARANÇON.

Dix mille francs!... mais vous me devez déjà trois fois autant!.. et nous avons demain une petite échéance...

ARMAND.

Je ne l'ai pas oublié...

CHARANÇON.

De six mille francs!... et si vous m'en empruntez dix aujourd'hui...

FÉLICIEN.

Puisque c'est pour vous payer, animal!

CHARANÇON, étonné.

Me payer!..

FÉLICIEN, le tournant vers lui.

Sans doute... Vous comptez ce soir à Armand dix mille francs... demain il vous en paye six...

CHARANÇON, se tournant vers Armand.

Reste quatre.

FÉLICIEN, même jeu.

Que nous gardons.

CHARANÇON.

Ah!

FÉLICIEN.

Sans cela où serait l'avantage?

CHARANÇON.

L'avantage... pour vous... mais pour moi?... ça fera toujours dix mille francs de plus que... (Se tournant vers Armand.) Monsieur me devra.

ARMAND.

Sur lesquels vous retiendrez les intérêts, la commission...

FÉLICIEN, le retournant.

Et le melon!.. Ah! il faut faire les affaires comme des affaires...

CHARANÇON, hésitant.

Oui, sans doute... mais dix mille francs...

FÉLICIEN.

Eh bien, après?.. Ne sommes-nous pas majeur, fils unique? Que diable, le père Martin est assez connu au Havre. Nous aurons un jour dix ou douze mille livres de rente... que nous ferons sauter gaiement... la hup!.. aux petits oignons, comme dit Grassot... Ah! ah! vous aimez Grassot!.. je vois ça... moi aussi... il me fait rire... et puis il est bon genre... ça me va, ah! ah! ah! zut!.. carrément la! (Il lui porte des boites.)

CHARANÇON.

Allons, c'est dit... Ce Félicien me ferait faire des folies avec sa gaieté!.. Je cours à Paris.

ARMAND.

Préparez les acceptations, que je n'aie plus qu'à les signer.

CHARANÇON, s'arrêtant au fond.

Ah!.. sapristi!.. j'oubliais...

ARMAND.

Quoi donc?..

CHARANÇON.

J'ai peur de ne pas pouvoir revenir... Une femme charmante... que je recherche en mariage... m'avait promis sa soirée...

FÉLICIEN.

Ah! mauvais sujet!..

CHARANÇON.

Je ne puis lui manquer de parole...

ARMAND.

Eh bien! amenez-la sans façon...

CHARANÇON.

Ah! vous êtes charmant!.. Seulement, si ça devait être un peu... grivois... je craindrais... Vous comprenez?.. une personne que l'on recherche en mariage...

ARMAND.

Soyez sans inquiétude.

FÉLICIEN.

On n'est pas des sauvages.

CHARANÇON.

Allons, je cours. (S'arrêtant encore.) Ah! un mot encore... Je ne pourrai pas vous donner la somme entière en espèces...l'argent est si rare... mais j'ai un petit lot de marchandises...

FÉLICIEN.

Aïe! aïe!

CHARANÇON.

D'un placement très-facile...

FÉLICIEN.

Des perroquets... des serpents à sonnettes?...

CHARANÇON.

Non... des étoffes de tenture... il en manque un peu ici...

FÉLICIEN.

Il manque aussi un piano... Est-ce que par hasard...

CHARANÇON.

En effet... j'ai quelque chose... de ce genre-là... un petit fond de bimbeloterie... Enfin, je vous traiterai en amis... Soyez tranquilles.

FÉLICIEN, riant.

Ah! vieux filou!.. si jamais la mode de pendre les coquins pouvait revenir...

CHARANÇON, riant.

Ah! ah! ah! où va-t-il prendre tout ça!

FÉLICIEN, l'entraînant à gauche prendre un cigare.

Dites donc... je tirerais la corde!

ARMAND, appelant dans le pavillon.

Laurent!.. Laurent!.. (Laurent paraît.) Remettez tout en ordre ici, et s'il vient du monde, faites attendre, je vais jusqu'au chemin de fer, accompagner Monsieur. (A part, à Félicien.) Olympia m'a promis de venir dans son coupé en sortant de l'Opéra; peut-être la rencontrerons-nous...

FÉLICIEN, à Charançon en sortant.

Venez-vous, Charançon?.. Dites donc, il faudra prendre un billet d'aller et retour, ça sera moins cher.

CHARANÇON.

Tiens, c'est vrai! je n'y pensais pas. (Ils sortent.)

SCÈNE V.

LAURENT seul, puis BASTIEN.

LAURENT.

Plus souvent que je vais me fouler la rate à ranger tout ça... par un temps pareil... ouf!. (Il s'assied, pose ses pieds sur une autre chaise.) D'abord nous sommes dans le jardin... c'est le jardinier que ça regarde. (Appelant le jardinier qui travaille dans le fond en sinageant son maître.) Bastien! Bastien!... remettez tout en ordre.... Ah! donnez-moi une autre chaise pour mettre sous mon bras... (Bastien la lui donne.) Bien!.. Ah! passez-moi les cigares... (Bastien les lui apporte avec la petite lampe; choisissant un cigare.) Ils sont tous bons... inutile de choisir. (Il en prend une poignée qu'il met dans sa poche; il en allume un.) Bastien, portez ça là-dedans. (Bastien emporte la boîte; près d'entrer dans le pavillon, il met une poignée de cigares dans son gilet; on sonne à la grille.) Ah! que c'est embêtant! on ne peut pas fumer tranquille ici. (Appelant.) Bastien!... Bastien!... dépêchez-vous donc d'emporter tout ça. (Il tire un journal de sa poche.) Je voudrais bien savoir s'il y a de la hausse sur les chemins de fer... j'ai acheté dernièrement des autrichiens... (On resonne.) On y va!... S'ils font prime, je dirai à mon agent de change de les vendre pour prendre des omnibus. (On sonne une troisième fois.) Ah ça! mais on ne peut donc pas lire son journal tranquille ici?.. (Il disparaît un moment pour aller ouvrir à Martin. — Pendant ce temps, Bastien vient chercher les dernières bouteilles, arrivé sur le perron, il regarde si personne ne le voit et boit à même la bouteille.)

SCÈNE VI.

LAURENT, MARTIN.

MARTIN, à la grille. Sans être pauvrement vêtu, il porte des habits dont la couleur et la forme remontent à vingt ans au moins.

Monsieur Armand Martin?..

LAURENT, le faisant entrer.

C'est ici... Entrez... entrez, mon brave homme. M. Armand vient de sortir dans l'instant, mais si vous voulez l'attendre...

MARTIN.

Ah! c'est contrariant qu'il soit sorti, là, juste au moment... Je viens de Paris... de sa chambre, rue des Mathurins-Saint-Jacques... on m'a dit qu'il était à la campagne, à Auteuil; j'ai vite pris l'adresse, une voiture, et me voilà.

LAURENT.

Monsieur ne tardera peut-être pas à rentrer. Il est allé accompagner un ami jusqu'à l'*estation*.

MARTIN.

Oui? Eh bien, mon garçon, tu vas prendre tes jambes à ton cou et courir après lui.

LAURENT.

Courir?...

MARTIN.

Tu lui diras qu'il y a ici quelqu'un... une personne... même deux personnes... (Laurent regarde autour de lui.) qu'il aura bien du plaisir à voir... et qu'il se dépêche de revenir... (Fouillant dans sa bourse.) Tiens, voilà dix sous pour ta peine...

LAURENT, avec mépris.

Dix sous!... (Il les met dans sa poche.)

Je vais faire descendre la petite... Une jeunesse qui est restée dans le fiacre. (Il disparaît de scène un instant.)

LAURENT, à part.

Dix sous ! en voilà un drôle de bonhomme avec ses dix sous !.. Plus souvent que je vais me mettre en nage pour trouver Monsieur !...

MARTIN, rentrant avec Amélie.

Viens, Mélie... viens, ma fille...

LAURENT, à part.

Qu'est-ce que c'est que tout ce monde-là ?

MARTIN, à Laurent.

Eh bien !.. pas encore parti? Allons donc, allons donc! mon garçon...

LAURENT, en sortant.

On y va, mon Dieu ! (Haussant les épaules.) Dix sous, ah !

SCÈNE VII.

MARTIN, AMÉLIE.

AMÉLIE, qui a parlé bas à Martin pendant la sortie de Laurent.

Vous croyez qu'il va venir?

MARTIN.

Certainement ! Va-t-il être surpris ! va-t-il être heureux ! Le cœur me bat pourtant rien qu'à l'idée de le revoir et de l'embrasser... car v'là deux ans bientôt qu'il a quitté le Havre, et que je l'ai amené à Paris en même temps que toi.

AMÉLIE.

Et dire qu'il n'est venu me voir qu'une seule fois à ma pension !

MARTIN.

Aussi, il va te trouver fièrement grandie et changée.

AMÉLIE, regardant autour d'elle.

Mais regardez donc, parrain, quelle jolie maison !

MARTIN, de même.

Parait que le gâs a fait de belles connaissances... qui l'auront invité chez eux à la campagne.

AMÉLIE, trouvant le Code sur le guéridon.

Oh ! voilà le beau livre que vous lui avez acheté... je le reconnais.

MARTIN.

C'est vrai, tout de même... c'est le Code.

AMÉLIE.

Il est encore tout neuf !

MARTIN.

Oui, oui... l' gâs a soin de ses affaires, je vois ça... Mais qu'as-tu donc à fureter là-dedans, toi ?

AMÉLIE.

Ah ! c'est que, le jour où vous lui avez donné ce livre, je portais à ma ceinture une petite fleur que j'avais apportée du Havre... Il me l'a demandée... Je l'ai mise entre deux feuillets. (Toute joyeuse en la retrouvant.) La voilà !.. la voilà !.. toute sèche et toute fanée... Ah ! c'est gentil à lui de l'avoir gardée !

MARTIN.

Ça me fait plaisir aussi de voir ça, fillette... ça prouve que le gâs n'est point oublieux.... et, s'il n'a pas été le voir plus souvent, c'est qu'il n'avait pas du temps de reste, bien sûr... Quand il faut se fourrer ce gros bouquin-là dans la tête... (Amélie reporte le livre sur la table.) Doit-il être savant, à c't' heure, doit-il être savant !

AMÉLIE, regardant vers la grille.

Mon parrain !.. c'est lui !.. je l'ai reconnu... le voilà !..

MARTIN, avec émotion.

Ah bien ! ah bien !... ça me prend dans les jambes... je vas faiblir !...

SCÈNE VIII.

LES MÊMES, ARMAND.

ARMAND, entrant sans voir son père.

Des étrangers qui me demandent... (Reconnaissant son père et se précipitant dans ses bras.) Mon père !

MARTIN, l'embrassant.

Mon garçon !.. Ah ! je suis-t-y aise de te revoir !

ARMAND.

Et moi aussi, mon père, croyez-le bien.

MARTIN.

Y a-t-il longtemps que je n'avais eu ce bonheur-là !

ARMAND.

Je ne reviens pas de ma surprise. Comment, vous ici ! à Auteuil !

MARTIN.

J'ai quitté le Havre pas plus tard que ce matin, pour venir chercher Mélle, qui sort de pension, et qui revient demeurer au Havre avec nous.

ARMAND, l'apercevant.

Ah ! mademoiselle Amélie !..

MARTIN.

Mademoiselle !... quel ton de cérémonie !... Mais embrasse-la donc !... c'est Mélie, la petite Mélie, avec qui tu as été élevé...

AMÉLIE, souriant.

Est-ce que vous ne me reconnaissez pas ?

ARMAND.

Si fait ! quoiqu'elle soit bien grandie, bien embellie depuis que je ne l'ai vue.

AMÉLIE.

Vous trouvez ?

MARTIN.

Ah ! dame, c'est qu'à cet âge-là on pousse vite. C'est un beau brin de fille, et bientôt bonne à marier.

AMÉLIE, voulant le faire taire.

Mon parrain !

MARTIN.

C'est bon ! c'est bon ! nous parlerons de ça plus tard. (A Armand.) Dis donc, gâs, et la santé, et les études ?

ARMAND.

Tout cela va bien, mon père.

MARTIN.

Oui, oui... j'ai aperçu ton Code sur la table, en entrant ; c'est bon signe... et je vois que tu es rangé, travailleur.

AMÉLIE.

Votre digne et excellente mère sera bien heureuse d'apprendre ça à notre arrivée.

ARMAND.

Ma mère !... Oh ! mais donnez-moi donc de ses nouvelles... Elle se porte bien?

MARTIN.

Parfaitement, Dieu merci ! la brave femme. Elle m'a chargé de mille tendresses pour toi, sans compter ces deux paires de bas de laine tricotés par elle, qu'elle a fourrés dans mes poches à ton intention. (Il les tire de sa poche et les lui donne.)

ARMAND, avec plaisir.

Ah ! je l'en remercie... (Il les met sur la table.)

MARTIN.

Ne voulait-elle pas me charger aussi d'un quartaut de cidre ? (Riant.) Ah ben oui ! que j'y ai dit, du cidre ! il en boira quand y viendra nous voir. Eh ! eh !.. pas vrai ? (S'apercevant de sa tristesse.) Mais qué qu' t'as donc ? Tu parais tout chose... tout distrait...

ARMAND, sortant de sa rêverie.

Moi ?

AMÉLIE.

Notre visite vous dérange peut-être ?

ARMAND.

Nullement, je vous jure ! Mais la surprise, la joie... Je m'attendais si peu...

MARTIN.

A la bonne heure ! Je le disais aussi...

SCÈNE IX.

LES MÊMES, FÉLICIEN.

FÉLICIEN, accourant.

Armand !.. Mais viens donc, flâneur ! on te réclame.

ARMAND, lui prenant le bras.

Chut ! c'est mon père !...

FÉLICIEN, surpris. — A part.

Ah ! diable !...

ARMAND, le présentant.

Monsieur Félicien Laroche, un avocat de mes amis.

MARTIN, ôtant son chapeau.

Un avocat !

FÉLICIEN, à part.

Il me pose !

MARTIN, à part.

Sans doute, le propriétaire de cette maison ?..

FÉLICIEN, saluant.

Monsieur... Mademoiselle...

MARTIN, à Amélie.

Salue donc, Mélie.

FÉLICIEN, à part.

Il a une bonne touche, le papa !

MARTIN.

C'est vous, Monsieur, qui donnez l'hospitalité à mon fieu ?

FÉLICIEN, vivement.

Du tout, Monsieur, au contraire.

MARTIN, surpris.

Hein ? comment ?

FÉLICIEN, de même.

Vous êtes ici chez lui.

AMÉLIE, étonnée.

Chez lui !

MARTIN, à Armand.

Tu as une maison de campagne !

ARMAND, bas à Félicien.

Maladroit !

FÉLICIEN, bas.

J'ai fait une boulette !.. (Haut.) Ah ! quand je dis chez lui... nous logeons ensemble.

ARMAND.

Nous avons loué ce pavillon à frais communs.

FÉLICIEN.

Voilà.

MARTIN.

Diantre !.. mais dites donc, jeunes gens, c'est bien beau, ça doit être bien cher...

ARMAND.

Oh ! à la campagne !..

FÉLICIEN.

Les loyers sont pour rien.

MARTIN.

Vrai ?

ARMAND.

Et puis, on est bien plus tranquille pour travailler.

FÉLICIEN.

La verdure, le grand air, rien de tel pour pousser à l'étude des lois. Lycurgue, Cicéron, Démosthènes, tous les grands jurisconsultes de l'antiquité, allaient étudier extra-muros.

MARTIN.

C'est différent ! Du moment que c'est pour mieux travailler... et que ça ne coûte pas trop cher...

FÉLICIEN.

Parbleu ! sans cela...

MARTIN.

Ma foi, puisque c'est ici chez l'gâs, j'ai bien envie de ne repartir ce soir que par le train de onze heures.

FÉLICIEN, à part.

Ah ! bigre !

ARMAND, à part.

Est-ce qu'il voudrait...

MARTIN.

De cette façon, nous pourrons dîner avec toi, passer une partie de la soirée ensemble.

ARMAND, bas à Félicien.

Et ces demoiselles qui vont arriver !

MARTIN, à Amélie.

Hein ? qué qu' t'en dis, fillette ?

AMÉLIE, joyeuse.

Certainement, mon parrain, je ne demande pas mieux.

MARTIN, gaîment.

Pour lors, c'est convenu, nous restons... et allez donc !

ARMAND, s'efforçant d'être gai.

Vraiment ?.. ah ! je suis enchanté...

MARTIN.

Ma foi, tant pis, nous passerons la nuit en chemin de fer... une fois n'est pas coutume, pas vrai Mélie ?

ARMAND, bas à Félicien.

Comment les éloigner ?

FÉLICIEN, bas.

Du diable si je m'en doute.

ARMAND, bas.

Mais enfin, ils ne peuvent pourtant pas...

MARTIN.

Eh ben ! qué qu' vous avez donc à chuchoter là tous les deux ?

ARMAND.

Oh ! rien !.. rien !.. c'est que...

C'est que quoi ?... Est-ce que par hasard nous te gênerions ?...

ARMAND.

Me gêner ?.. par exemple !

AMÉLIE, les observant.

Ces Messieurs avaient peut-être d'autres projets ?

MARTIN.

D'autres projets ?

ARMAND.

Oui... en effet... ne comptant pas sur le bonheur de vous recevoir...

MARTIN.

Eh ben ! après ? parle donc !

ARMAND.

Nous nous disposions à nous rendre à Paris.

MARTIN.

Vraiment ?

FÉLICIEN.

C'est le moment des examens, des conférences... Armand devait même être entendu, ce soir... pour la première fois... par des professeurs de la Faculté...

MARTIN.

Oh !.. oh !.. des professeurs... hein !.. dis donc, Mélie, l' gâs qui va parler devant des professeurs !..

ARMAND.

Mais puisque vous voilà, je remettrai à un autre jour...

MARTIN.

Non... non... je n'entends point ça !... Il ne manquerait plus que je vienne à Paris pour te déranger de ton travail... Le devoir avant tout !

FÉLICIEN.

Voilà qui est parler en sage !

MARTIN.

Tu nous revaudras ça aux vacances.

ARMAND.

Oui, je vous le promets, j'irai passer avec vous tout le temps dont je pourrai disposer...

MARTIN.

En attendant, va à ton cours, mon garçon.

AMÉLIE, à part.

Eh bien ! moi, je n'y crois pas, à ce cours-là.

MARTIN.

Nous allons te laisser !

FÉLICIEN, à part.

Nous sommes sauvés ! (Bruit de voiture au dehors.)

ARMAND, à part.

Ah ! ciel !

FÉLICIEN, à part.

Une voiture qui s'arrête à la porte !

ARMAND, bas.

C'est Olympia, sans doute.

FÉLICIEN.

Je cours la retenir. (Il va pour sortir, Olympia paraît.)

ARMAND, à part.

Trop tard !..

FÉLICIEN, de même.

Pincés !

SCÈNE X.

LES MÊMES, OLYMPIA.

OLYMPIA.

Comment, personne pour me recevoir ! pour me donner la main !

AMÉLIE, à part.

Une femme !

MARTIN, à part.

Qu'est-ce que je vois là ?

OLYMPIA.

Eh bien ! vous êtes gentils ! vous êtes galants !

ARMAND, à part.

Quel embarras !

OLYMPIA.

Tiens !.. vous aviez de la société ?.. Pardon, je n'avais pas aperçu... (Lorgnant Martin.)

MARTIN, à part,
Paraît qu'elle a la vue basse!

OLYMPIA, riant, à part.
Bonne tête de vieux. (Faisant une révérence exagérée.) Môsieur...

MARTIN.
Madame... (A Armand.) Qué qu' c'est donc que c'te belle dame-là?

ARMAND.
C'est... (A part.) Je ne sais que dire. (Haut.) C'est...

C'est?..

MARTIN.

C'est une cliente!

FÉLICIEN, vivement,

Hein? comment?

OLYMPIA.

Taisez-vous!

FÉLICIEN, bas à Olympia.

Oui, une des clientes de mon ami Félicien,

ARMAND.

Ils y tiennent!

OLYMPIA, à part.

La comtesse Crakoriska.

FÉLICIEN.

Une Polonaise.

ARMAND.

Diable!.. salue donc, Mélie!

MARTIN.

Madame vient me consulter pour un procès.

FÉLICIEN.

C'est juste, vous êtes avocat,

MARTIN.

Un procès en séparation.

FÉLICIEN.

Ah! elle est bonne!

OLYMPIA, à part, riant.

Une femme bien intéressante...

ARMAND.

Je le crois.

MARTIN.

Bien malheureuse en ménage.

ARMAND.

Ah! oui!

OLYMPIA, jouant la douleur.

Unie à quinze ans à un monstre, à un scélérat.

FÉLICIEN.

Ah! oui!

OLYMPIA, de même.

En vérité?

MARTIN.

Qui la prive de tout.

ARMAND.

Qui me bat, Messieurs!

OLYMPIA.

Est-il Dieu possible!..

MARTIN.

Il vous a battue?

FÉLICIEN.

Oui, mon cher, le gueux a osé lever la cravache sur moi... une descendante des Crakoriski!..

OLYMPIA.

Une descendante des Crakoriski!..

MARTIN.

Parfait!,, excellent!

FÉLICIEN.

Comment, excellent?

MARTIN.

Pour la cause.

FÉLICIEN.

Injures, mauvais traitements, sévices graves; article 228.

ARMAND, énumérant les griefs,

233!.. animal!

FÉLICIEN, à part, haussant les épaules.

Connaît-il son Code, ce gaillard-là!.. (Haut.) Ah! Madame, que je vous plains!.. je vais lire tous les matins la Gazette des tribunaux.

MARTIN, à part.

Monsieur...

OLYMPIA, saluant.

Salue donc... Mélie.

MARTIN.

Veuillez passer dans mon cabinet, madame la comtesse, vous m'expliquerez vos griefs.

FÉLICIEN, à Olympia.

OLYMPIA, bas à Félicien.
Y a-t-il du madère?

FÉLICIEN, bas.
Et des biscuits. (Haut, lui présentant la main.) Venez, Madame!

OLYMPIA, bas.
Allons-y!..

FÉLICIEN, de même.
Gaiement!.. (Ils entrent dans le pavillon.)

SCÈNE XI.

MARTIN, ARMAND, AMÉLIE.

MARTIN, remontant.
Oui, allez, jeune homme! et ne négligez rien... (Revenant à Armand.) Diantre!.. une comtesse!.. une descendante des.... Ton ami a une belle clientèle.

ARMAND.
Oui, il est très-lancé.

MARTIN.
A propos, avant de te quitter, faut que je te remette ta pension... Nous v'là à la fin du mois; les eaux doivent être un peu basses.

ARMAND.
C'est vrai, je suis à sec.

MARTIN.
Attends, je vais te compter ça. (Il tire une bourse de cuir et va compter l'argent sur la table de droite.)

AMÉLIE, s'approchant d'Armand, à voix basse.
Monsieur Armand, vous êtes toute sa joie, toute son espérance, ne la détruisez pas.

ARMAND, avec émotion.
Amélie!... vous pourriez croire...

AMÉLIE, lui montrant Martin.
Silence!

MARTIN, revenant.
Tiens, voilà ton affaire : cent francs en or et un rouleau de cinquante francs en pièces de vingt sous; ça te fera de la monnaie.

ARMAND, prenant l'argent.
Merci, mon père, merci.

MARTIN.
Et maintenant, gàs, embrasse-moi.

ARMAND.
Adieu, mon père... Adieu, Amélie.

AMÉLIE.
Adieu, monsieur Armand.

MARTIN.
Travaille, et arrange-toi pour venir aux vacances. Je vais t'annoncer à ta mère, d'abord.

ARMAND.
Oui, oui... comptez sur moi.

MARTIN.
La bonne femme!.. C'est elle qui va être contente, quand je vais lui dire ça en arrivant!.. Au revoir, mon garçon. Bien des choses de ma part à ton ami l'avocat.

ARMAND.
Merci... merci... au revoir!

MARTIN.
J'aurais bien voulu rester plus longtemps avec toi. Enfin, puisque tu as affaire, puisque tu es attendu par des professeurs... (A Amélie.) Viens, Mélie, viens... il ne faut pas le mettre en retard. (A Armand.) Bonne chance!... et écris-nous tout de suite le résultat... Allons, j'ai fini... je m'en vais, adieu!.. Partons, ma fille! (Il serre encore une fois la main de son fils et sort par le fond avec Amélie. — Armand les reconduit, puis revient tout pensif s'asseoir près du bosquet.)

SCÈNE XII.

ARMAND, FÉLICIEN, puis OLYMPIA.

FÉLICIEN, paraissant à la porte du pavillon.
Ils sont partis!.. (Venant frapper sur l'épaule d'Armand.) C'est un brave homme, ton père, sais-tu?

ARMAND.
Oui!.. et quelquefois je me reproche de trahir sa confiance.

FÉLICIEN, allant au pavillon.
Venez, belle dame... vous pouvez approcher...

OLYMPIA, entrant tout en riant aux éclats.
Ah! ah! la bonne histoire!.. A-t-il donné dedans, le papa!.. (Étendant la main.) Vieillard naïf et vertueux, je te bénis!..

ARMAND, choqué.

Olympia !..

OLYMPIA.

Et la petite qui ne disait rien et qui ouvrait des yeux en me regardant... C'est un amour d'enfance? Une passion de la Seine-Inférieure?

ARMAND, sérieux.

C'est la fille d'un ami de mon père, une jeune orpheline qu'il a élevée...

OLYMPIA.

Au biberon?

ARMAND.

Encore une fois, je vous prie de cesser ces plaisanteries.

OLYMPIA.

Ah! mon Dieu! quel air aimable! on rit avec vous et tu te fâches... Dites donc, mon petit, si c'est pour m'offrir cette mine-là que vous m'avez invitée, vous auriez aussi bien fait de me laisser chez moi.

FÉLICIEN.

Au fait, elle a raison. Déride-toi donc un peu.

OLYMPIA.

Moi qui, pour venir, ai brûlé la politesse à un monsieur qui me poursuit de ses déclarations!

FÉLICIEN.

Un adorateur?

OLYMPIA.

Certainement, un vieux très-riche qui m'offre son cœur et la mairie du deuxième... rien que ça!

FÉLICIEN.

Mazette!

ARMAND, à Olympia.

Et vous l'écoutez?...

OLYMPIA.

Vous voyez bien que non, ingrat, puisque je vous l'ai sacrifié; mais si vous continuez à me faire la moue...

ARMAND.

Ah! pardon, pardon, chère Olympia. Vous savez bien que je vous aime, que je n'aime que vous.

OLYMPIA.

Il y paraît! Et ce bracelet, que vous m'aviez promis?

ARMAND.

Il est commandé. Je vous le porterai demain.

OLYMPIA.

A la bonne heure! Vous redevenez gentil. (Elle lui tend la main, qu'Armand presse sur ses lèvres. — On entend un bruit de voix dehors.)

LE VICOMTE, dehors.

Par ici, Mesdemoiselles...

FÉLICIEN.

Ah! voici toute la bande joyeuse!

SCÈNE XIII.

LES MÊMES, LE VICOMTE, AMIS, PAMPETTE, CÉLINA, GEORGINA, puis CHARANÇON, LAURENT, DEUX HOMMES DU CHEMIN DE FER et BASTIEN.

TOUS, entrant.

Bonjour, Armand, bonjour.

LE VICOMTE.

Salut à notre amphitryon!

PAMPETTE.

Ah! mes enfants, la délicieuse promenade!

CÉLINA.

Quel joli endroit, que ce bois d'Auteuil!

GEORGINA.

Oh! moi, d'abord, j'adore la verdure, je suis champêtre!

PAMPETTE, accrochant son chapeau à un arbre. Chantant :

Ah! qu'il fait donc bon, qu'il fait donc bon cueillir, etc.

(S'interrompant.) Tiens, c'est Olympia !..

CÉLINA.

Tu as une jolie robe!

GEORGINA.

Pourquoi n'es-tu pas venue de Paris avec nous?

OLYMPIA.

Je suis venue dans mon coupé.

CÉLINA, riant.

Ah! son coupé! Mademoiselle du coupé!...

GEORGINA.

Fait-elle de l'embarras parce qu'elle a voiture!

PAMPETTE.

Elle qui, il y a un an, venait à la répétition avec des socques!

GEORGINA, trouvant les bas et les dépliant.

Oh! ces bas !.. (Tout le monde rit.)

PAMPETTE.

Dites donc, Armand, est-ce que c'est à vous ces bas-là?

ARMAND, vexé.

Eh! non... non... c'est à mon jardinier. (Tout le monde rit.)

OLYMPIA.

Ah çà! voyons, est-ce que nous ne dînons pas bientôt?

CÉLINA.

Le grand air m'a creusée !...

PAMPETTE.

Et moi donc !... j'ai une faim à dévorer des pierres !...

FÉLICIEN.

Précieuses?.. comme Cléopâtre?

PAMPETTE.

Parbleu !...

GEORGINA.

Ah! cette Pampette, toujours vorace! Notez qu'avant de partir elle s'est bourrée de gâteaux chez Félix!

PAMPETTE.

Trois babas !.. Voilà-t-il pas !..

ARMAND.

Un peu de patience, Mesdemoiselles, j'attends encore un convive.

TOUTES.

Ah !.. et qui donc?

CÉLINA.

Un prince russe?

GEORGINA.

Un Américain?

PAMPETTE.

Un cheik arabe?

FÉLICIEN, riant.

A peu près !...

CHARANÇON, entrant.

Ouf!.. me voilà !.. exact comme une échéance.

TOUS.

Charançon!

OLYMPIA, à part.

Ciel !.. (Elle se détourne vivement.)

ARMAND.

Venez donc, cher ami! je craignais que vous ne nous manquassiez de parole.

CHARANÇON.

Incapable! j'apporte le melon.

FÉLICIEN, lui prenant le bras.

Bravo! ça nous en fait deux.

CHARANÇON.

Comment deux?

FÉLICIEN.

Sans doute : celui-ci et... (Il lui tape sur le ventre.)

CHARANÇON, riant.

Ah! ah! mauvais plaisant!

ARMAND, bas.

Avez-vous la somme?

CHARANÇON, bas.

Oui, partie en espèces, comme je vous ai dit, et partie...

ARMAND, bas.

C'est bien, nous signerons au dessert...

FÉLICIEN.

Entre la poire et le fromage.

CHARANÇON.

Mais présentez-moi donc à ces dames, je vous prie.

FÉLICIEN, le présentant aux dames.

Très-volontiers... Mesdames, je vous présente monsieur Charançon.

CHARANÇON, se trouvant en face d'Olympia.

Eh! mais je ne me trompe pas! mademoiselle Olympia!

OLYMPIA, à part.

Aïe!

PAMPETTE, bas, aux autres.

Tiens! une rencontre!

ARMAND.

Vous la connaissez?

CHARANÇON.

Parbleu!.. c'est...

OLYMPIA, bas à Charançon.

Taisez-vous !... (Haut.) Un habitué de l'orchestre.

CHARANÇON, bas, à Olympia.

Comment! vous ici? Par quel hasard?

OLYMPIA, jouant la jalousie.

Je savais que vous y veniez!

CHARANÇON.
Vraiment? c'est pour moi que... (A part.) Cette femme-là m'adore!

LAURENT, entrant avec Bastien et un homme du chemin de fer qui portent une caisse qu'ils déposent au milieu du théâtre.
Monsieur, c'est une caisse qu'on apporte pour vous du chemin de fer.

ARMAND.
Une caisse?

CHARANÇON.
Oui, oui... (A Bastien.) Posez ça là.

OLYMPIA.
Qu'est-ce que c'est? Une surprise?

TOUTES LES FEMMES.
Ah! voyons donc! voyons donc! (Elles s'approchent de la caisse et l'ouvrent.)

CHARANÇON, à Armand.
Ce sont les marchandises dont je vous ai parlé.

OLYMPIA.
Tiens! des étoffes de tenture!..

GEORGINA.
Et des mirlitons!

TOUS.
Des mirlitons!... (Ils en prennent chacun un.)

CHARANÇON, à Armand.
Je vous avais bien dit que c'était d'un placement facile.

ARMAND.
Vieux gredin!

OLYMPIA.
En attendant le dîner je propose une chanson.

FÉLICIEN.
Avec accompagnement de pelure d'oignon!

TOUS.
Oui, oui, une chanson, une ronde!..

FÉLICIEN, chantant.

Air nouveau de M. FOSSEY.

PREMIER COUPLET.

Le travail est incommode :
Sur le droit pourquoi moisir?
Mes amis, notre seul code
Est le code du plaisir.
Au feu jetons Démosthène :
Musard vaut mieux que Caton! (*bis.*)
Et ton, ton, ton,
Mirlitaine!
Et ton, ton, ton,
Mirliton!

REPRISE ENSEMBLE, avec accompagnement de mirlitons.

Et ton, ton, ton, etc.

(Entre les deux couplets, des garçons de restaurant ont apporté une table richement servie; au fond, un garçon frappe le champagne; un autre découpe.)

DEUXIÈME COUPLET.

OLYMPIA, chantant.
En vrais oiseaux de passage,
Profitons de nos vingt ans;
Viendra le temps d'être sage,
Adieu les fleurs du printemps!
Mais jusqu'à la quarantaine,
Vive champagne et piston! (*bis.*)
Et ton, ton, ton,
Mirlitaine!
Et ton, ton, ton,
Mirliton!

REPRISE ENSEMBLE.

Et ton, ton, ton, etc.

LAURENT, annonçant.
Monsieur est servi.

ARMAND.
Ah! bravo! A table!...

TOUS.
A table!.. à table!..

FÉLICIEN.
Et vive la joie!
(Tout le monde se place bruyamment. — L'orchestre reprend le refrain de la ronde; on trinque, on boit. — Le rideau baisse sur ce tableau.)

ACTE DEUXIÈME.

Au Havre, chez Martin.

Le théâtre représente une chambre basse ouvrant sur le jardin: au premier plan, à droite, la porte conduisant dans la cuisine; au fond, à gauche, une porte conduisant au cellier, et donnant sur la ruelle; grande porte vitrée au fond; dans le pan coupé de droite, un buffet; au-dessus sont les crochets du père Martin, accrochés en long; à droite, plus haut que la porte de la cuisine, une grande table de sept couverts; la nappe est mise, des assiettes dessus; sur le devant du théâtre, à gauche, des chaises et une table; près de la porte du fond, un porte-manteau; à côté une grande horloge; une porte, premier plan, à gauche.

SCÈNE PREMIÈRE.

GENEVIÈVE, AMÉLIE.

(Au lever du rideau, Geneviève dresse des fruits sur une assiette à la table à gauche. Amélie met des fleurs dans une corbeille. Quatre heures sonnent.)

GENEVIÈVE, écoutant l'horloge.
Quatre heures! et ces messieurs ne sont pas encore de retour!.. je me fais un mauvais sang!..

AMÉLIE.
Vous n'êtes pas raisonnable, marraine; voilà deux ours qu'Armand est arrivé de Paris, et il est bien naturel que son père le conduise chez ses amis, qu'il n'a pas vus depuis trois ans.

GENEVIÈVE.
C'est ça... les amis avant la famille, avant la mère; hier, c'était le jardin qu'il fallait lui montrer... les greffes, les boutures, les plants de fraises; et puis la maison, de la cave au grenier; et puis... que sais-je? il y a toujours une raison pour que Martin accapare son fils. Passe-moi les pommes... Comme si je n'avais pas autant de droits que lui!.. Enfin, c'est une horreur de priver une pauvre mère de son enfant!..

AMÉLIE, prenant les pommes dans le buffet et les passant à Geneviève.
Savez-vous?.. Demain nous l'enfermerons et nous le garderons pour nous seules, toute la journée.

GENEVIÈVE.
C'est ça, fillette, une bonne farce que nous ferons à monsieur son père!... Parce qu'il a un fils avocat!.. ne voudrait-il pas le manger... son fils!...

AMÉLIE.
Les voilà!.. les voilà qui rentrent dans le jardin, je les entends.

GENEVIÈVE.
Ah! je vais peut-être avoir mon tour!

SCÈNE II.

LES MÊMES, ARMAND, MARTIN; ils entrent bras dessus bras dessous.

ARMAND, quittant le bras de son père.
Ma bonne mère! (Il l'embrasse.)

GENEVIÈVE.
C'est heureux qu'on se souvienne de moi!

MARTIN.
Allons, mère grognon, ne te fâche pas, parce que nous sommes un peu retard.

GENEVIÈVE.
Depuis cinq heures que vous êtes dehors!

ARMAND.
C'est la faute du père... je l'ai assez tourmenté pour rentrer.

GENEVIÈVE.
Ah! bien oui!.. est-ce qu'il pense aux autres, ton père?.. est-ce qu'il pense à sa femme?.. C'est un vieil égoïste, ton père... Mets-toi là, mon garçon. (Elle le fait asseoir à gauche.)

AMÉLIE, mettant toujours le couvert.
Oh! oui, monsieur Armand, vous devez bien à votre mère de rester un peu avec elle!..

GENEVIÈVE, s'asseyant près de lui.
Mon fils, mon chérubin... te v'là donc revenu près de moi!..

MARTIN.
Vous verrez qu'il n'y en aura plus que pour elle maintenant!

AMÉLIE.
Il me semble que vous avez fait la part assez belle aux amis et connaissances.

MARTIN.

Que veux-tu, petite? C'est l'un, c'est l'autre, on n'en finit pas de jaser... et puis, en passant, sur le port, nous avons visité le bâtiment à Dubourg. Ce brave ami met à la voile ce soir à la haute mer, et il m'a promis de venir manger la soupe avec nous.

AMÉLIE, gaiement.

Bon !.. un couvert de plus à mettre.

GENEVIÈVE, à Armand, qui est rêveur.

Mais parle-moi donc, dis-moi donc quelque chose... Est-ce que tu n'es pas heureux de te retrouver là, près de nous... près de moi?...

ARMAND.

Ma bonne mère, pouvez-vous en douter?

GENEVIÈVE.

Je ne suis pas contente de toi... Depuis que tu es ici, tu as un air tout rêveur, tout distrait...

AMÉLIE, un peu piquée.

M. Armand regrette peut-être Paris?

ARMAND.

Oh! non, par exemple.

GENEVIÈVE.

Pas vrai, que tu t'ennuyais là-bas, tout seul dans cette grande ville, que je déteste parce qu'elle enlève les enfants aux pauvres mères comme moi? J'en serais morte, vois-tu, si tu ne t'étais pas dépêché de revenir.

MARTIN.

Ne me parlez pas des femmes, ça n'a pas plus de raison... Voulais-tu pas le garder sur tes genoux, et qu'il apprenne son Code pendu à tes cotillons?

GENEVIÈVE.

Tu m'ennuies, toi !.. Laisse-le dire, mon garçon... il n'y a rien de meilleur au monde...

ARMAND, achevant la phrase.

Que la tendresse d'une mère et le toit paternel !..

MARTIN, s'asseyant à la table.

Voyons, est-ce que tu regretteras encore le passé ? est-ce que tu ne seras pas fière aussi quand on viendra demander M. Armand Martin, l'avocat, et que la maison sera pleine de papperasses et de plaideux, qui ne s'en iront pas d'ici sans y laisser de bonnes pistoles?

GENEVIÈVE.

Oh! oui, que je serai fière et heureuse!

AMÉLIE, venant près de Martin en essuyant une assiette.

Moi, d'abord, je veux aller entendre M. Armand quand il plaidera sa première cause.

GENEVIÈVE.

Et moi donc !.. quand je devrais passer toute la journée au tribunal et porter à dîner dans mon sac !

MARTIN.

Ce jour-là, ma femme, nous ferons sauter les bouchons. Je veux qu'on danse, qu'on fasse des folies, quoi !... Et si tu n'es pas encore contente, s'il te faut absolument des mioches à câliner... eh bien ! c'est pas une marchandise si rare... ni si chère. (Regardant Amélie qui est restée à l'écouter.) On t'en aura, la grand'maman. (Amélie baisse les yeux et retourne à la table.) Un peu de patience, on t'en aura ! (On sonne à la porte du jardin.) On sonne !... je vais ouvrir. (Se levant.) Toi, la mère, si tu allais soigner ton pot-au-feu?

GENEVIÈVE.

Il n'en a plus besoin.

MARTIN, avec intention.

Vas-y tout de même.

GENEVIÈVE.

Mais...

MARTIN, la faisant lever.

Mais va donc... Seigneur Dieu !.. (Baissant la voix.) Tu ne vois donc pas que je veux laisser l' gâs avec Mélie... il est temps qu'il lui fasse son aveu... nous en avons causé tantôt et il m'a promis...

GENEVIÈVE.

Ah! oui, oui... je comprends !... (Elle sort par la cuisine, Martin l'accompagne jusqu'à la porte, puis sort en fredonnant un refrain et en regardant alternativement les deux enfants.)

SCÈNE III.

AMÉLIE, ARMAND.

ARMAND, assis à la table et à part.

Quelle joie dans l'âme de ces pauvres gens !.. quelle confiance ils ont dans leur bonheur!

AMÉLIE, à part.

Pas un regard pour moi!

ARMAND, à part.

Comment faire pour leur apprendre... Je n'en aurai jamais le courage.

AMÉLIE, s'approchant.

Monsieur Armand !

ARMAND.

Amélie !.. Oh ! pardon !

AMÉLIE, vivement.

Écoutez-moi... car on va venir, et je ne voudrais pas que personne pût savoir ce que j'ai à vous dire.

ARMAND.

Oh ! mon Dieu, Amélie, comme vous êtes émue !

AMÉLIE.

Monsieur Armand, depuis que vous êtes arrivé ici, j'ai bien remarqué votre tristesse... vous n'êtes plus avec moi comme jadis ; vous êtes gêné...

ARMAND.

Amélie !..

AMÉLIE.

Vous n'êtes pas heureux... j'en suis sûre, peut-être à cause des projets de votre famille sur vous et sur moi...

ARMAND.

Vous pourriez supposer...

AMÉLIE.

Je ne suppose rien ; mais si vos inclinations vous portent ailleurs, si vous redoutez la peine que cela ferait à vos parents, dites-le-moi avec franchise ; je ne veux pas que leur premier chagrin vienne de vous ; de moi ça leur serait moins sensible... (Lui tendant la main.) et je n'en resterai pas moins votre amie.

ARMAND.

Vous avez mal jugé mon cœur, Amélie ; un jour, bientôt peut-être... je vous dirai tout ce qui l'oppresse, tout ce qui l'afflige... et alors...

MARTIN, dans la coulisse.

Armand ! Armand !

AMÉLIE.

On vient... silence !

SCÈNE IV.

LES MÊMES, GENEVIÈVE, venant de la cuisine, MARTIN et FÉLICIEN, venant du jardin.

MARTIN, entrant.

Armand... v'là ton ami l'avocat!

ARMAND.

Félicien !

FÉLICIEN, entrant.

Armand !.. (Il accourt et lui serre la main.) Ah! cher ami, que je suis aise de te revoir !

MARTIN, à part.

Je suis sûr qu'il n'aura pas eu le temps de parler à Mélie !..

ARMAND.

Toi ici ! et depuis quand ?

FÉLICIEN.

J'arrive ; et mon premier soin a été de venir saluer ta famille.

MARTIN.

Soyez le bienvenu, jeune homme, les amis de mon fils sont les nôtres.

GENEVIÈVE.

Et, quoique la maison ne soit pas grande, il y aura toujours de la place pour eux.

FÉLICIEN.

Mille remerciements, Madame. (Apercevant Amélie et la saluant.) Mademoiselle...

MARTIN.

Salue donc, Mélie. (Amélie fait la révérence.)

FÉLICIEN.

J'ai eu déjà, je crois, le plaisir de me rencontrer avec vous ?

MARTIN.

A Paris, précisément, dans votre maison de campagne, il y a un an... Comme le temps passe !

GENEVIÈVE.

Je l'ai trouvé bien long, moi !

MARTIN.

Ah ! dame... c'est que le gâs n'a pas tenu la parole qu'il m'avait donnée de venir aux vacances... embrasser la maman...

FÉLICIEN.

Les travaux, les examens... une thèse à préparer...

LES CROCHETS DU PÈRE MARTIN.

MARTIN.

Mais à présent c'est fini... le v'là avocat, comme vous.

FÉLICIEN.

Comme moi !.. oui... oui!..

MARTIN.

Donne-nous un verre de vin, la mère.

GENEVIÈVE.

Et, à l'avenir, tu ne nous quitteras plus; pas vrai, Armand? (Elle et Amélie vont au buffet chercher une bouteille de madère et trois verres qu'elles apportent sur la table de gauche.)

ARMAND.

Non, ma bonne mère, non... du moins, je l'espère.

MARTIN.

Et moi, j'en suis sûr !.. C'est au Havre que t'es venu au monde, et que j'ai gagné, à la peine de mon corps, de quoi faire de toi un savant... C'est au Havre aussi que tu gagneras ta petite fortune. Et, pour que tout le monde sache bien que c'est au travail qu'elle est due, comme la mienne, je ferai mettre ton brevet d'avocat dans un beau cadre sous verre, et nous le placerons là, à côté de mes crochets. (Il les désigne à Félicien.) C'est par là que j'ai commencé, monsieur Félicien... et vous voyez que je n'en rougis pas!

FÉLICIEN.

Comment, monsieur Martin, il serait possible!... vous avez été...

MARTIN, s'asseyant et faisant asseoir Félicien.

Commissionnaire... sur le port du Havre!.. Ah! il a fallu en mouiller, des chemises, et s'en faire, des privations, pour élever c't homme-là, et pour se donner, sur nos vieux jours, un toit qui nous abrite et un jardin qui nous égaye. Quand on gagnait trois sous, on n'en mangeait que deux, et le troisième allait faire des petits à la caisse d'épargne. Nous avons eu nos mauvais moments ; oui, c'te brave femme a soufflé plus d'une fois dans ses doigts, pendant qu'assis tous deux sur mes crochets nous mangions not' soupe à tous les vents. Mais bah! on se consolait en pensant que l'gâs avait bien chaud chez sa nourrice. Le soir, quand on rentrait dans sa mansarde, en comptant son petit bénéfice, on s'embrassait de bon cœur... et allez donc! à la grâce de Dieu !

FÉLICIEN.

C'est superbe!.. une fortune bâtie par le travail, la patience et la probité ! voilà comme l'entendaient nos pères.

MARTIN.

Et nos pères n'étaient pas si bêtes! à vot' santé, monsieur Félicien. Allons, gas, trinque avec nous. (Ils prennent chacun un verre que Martin a rempli.) Goûtez-moi ce petit jannet. Il y a vingt ans qu'il débarquait de Madère... je l'ai porté sur mes épaules... et maintenant je le porte (il boit.) là-dedans... (Riant.) Ah! ah! ah! c'est moins lourd!

FÉLICIEN, se levant.

Parfait!.. délicieux... Véfour n'en a pas de meilleur...

MARTIN.

Véfour?.. qui ça, Véfour ?

FÉLICIEN.

Un magistrat de Paris... un célèbre magistrat qui donne souvent à dîner à ses jeunes confrères.

GENEVIÈVE.

En parlant de dîner, j'espère que Monsieur ne refusera pas de manger le nôtre...

MARTIN.

Vous goûterez de ma chasse... un lapin superbe... que j'ai tué ce matin... sans fusil... dans ma basse-cour.

GENEVIÈVE.

Allons, Mélie, va vite cueillir des fraises pour le dessert... Moi je cours à mes casseroles... (Amélie va au jardin.)

MARTIN.

Et moi à la cave! vous, jeunes gens, jasez à votre aise, restez ou sortez, si le cœur vous en dit, mais ne faites pas attendre le potage de la mère Martin. (A sa femme.) Geneviève!.. soigne le lapin et ne ménage pas les petits oignons...

GENEVIÈVE.

Sois donc tranquille... tiens, je vais au jardin cueillir de la salade. (Elle sort par le jardin et Martin par le cellier.)

SCÈNE V.

ARMAND, FÉLICIEN.

ARMAND.

Enfin, te voilà, c'est heureux! depuis six semaines que tu as quitté Paris sans prévenir personne, sans dire seulement où tu allais, qu'es-tu devenu, qu'as-tu fait ?

FÉLICIEN.

Avant tout, mon cher, je me suis garé de nos créanciers.

ARMAND.

Plus bas donc

FÉLICIEN.

Ah ! diable... j'oubliais.

ARMAND.

C'est-à-dire que tu m'as généreusement abandonné aux poursuites de ces messieurs.

FÉLICIEN.

Ingrat!.. tu m'accuses lorsque je ne pensais qu'à notre salut commun.

ARMAND.

Toi?

FÉLICIEN.

Mon cher... c'est dans les grands périls que les grands génies se font connaître!..

ARMAND.

Ah! ne plaisante pas! j'ai le cœur navré; depuis trois jours . j'ai pris dix ans!

FÉLICIEN.

Et des cheveux gris?

ARMAND.

Cesse, te dis-je, de prendre ce ton qui n'est plus à sa place dans cette maison, sous le toit habité par cette honnête famille que tu as vue. Il y a trois jours, traqué, poursuivi comme une bête fauve, je suis parti pour le Havre, résolu de tout avouer à mon père ; mais quand je les ai vus, lui et ma pauvre mère, me tendre les bras en souriant, m'accabler de caresses et me dire que j'étais toute leur joie, tout leur espoir, j'ai eu honte de moi-même et la force m'a manqué!

FÉLICIEN.

Tant mieux!.. j'avais peur que tu n'eusses parlé.

ARMAND.

Comment?

FÉLICIEN.

Pourquoi désoler ces braves gens lorsque tout peut encore se réparer?

ARMAND.

Serait-il possible, mon Dieu? oh! parle, Félicien, parle vite, il n'y a pas d'expiation que je ne sois prêt à subir, de sacrifice auquel je ne sois résigné d'avance, fût-ce même celui de ma vie, pour ne pas renverser tout ce bonheur qui m'entoure et dont j'ai miné la base.

FÉLICIEN.

Tais-toi donc à ton tour! (Après avoir regardé autour de lui et baissant la voix.) Te souvient-il d'une mienne cousine dont je t'ai parlé quelquefois et qui habitait au fond de la Bourgogne?

ARMAND.

Oui. Eh bien?

FÉLICIEN.

J'arrive de chez elle... Dans huit jours je l'épouse et je viens te chercher pour la noce.

ARMAND.

Ah ! bah! vraiment?

FÉLICIEN.

Ah! mon ami... où avais-je la tête de négliger une aussi adorable créature?

ARMAND.

Elle est jeune?.. jolie ?

FÉLICIEN.

Ah ! mon ami... soixante-huit ans et un catarrhe!.. Mais quel château!.. des fermes superbes... et un parc!.. et des bois!.. J'y ferai des coupes, sois tranquille... je me suis déjà entendu avec l'homme d'affaires... un bien brave homme... qui vole ma cousine... à faire plaisir !

ARMAND.

Voyons, parles-tu sérieusement ? Te marier?.. toi?.. à une douairière?

FÉLICIEN.

Voilà ce que c'est, mon cher, nous autres beaux garçons nous finissons tous de la même manière. Quand notre crédit s'est éteint, quand nous commençons à monter la pente fatale de la rue de Clichy, les uns prennent du service en Perse, d'autres font le plongeon à Asnières après un dernier gala, et ceux qui ont des cousines les épousent : la dot paye les dettes, le crédit renaît, les amis sont toujours les amis et la vie une bonne chose... avec de l'argent !

ARMAND.

C'est un rêve !

FÉLICIEN.

Prends ton chapeau et sortons, le temps de fumer un cigare et de passer à la poste.

ARMAND.

Pourquoi faire?

FÉLICIEN.

Est-ce que des amoureux peuvent rester un jour sans se voir ou sans s'écrire? J'ai fait jurer à ma cousine de me donner des nouvelles de sa quinte.

Mauvais plaisant!

ARMAND.

FÉLICIEN.

Et puis, mon pauvre vieux, il faut que nous causions de toi, que nous prenions nos mesures afin de prévenir un éclat. Une fois marié, je te prête de l'argent pour le plus pressé, je réponds de toi pour le reste... Tu te débarrasses du Charançon et tout marche à merveille!

ARMAND, lui serrant les mains.

Ah!.mon bon Félicien!... Tu me sauves!.. Si tu savais tout ce que j'ai souffert!

FÉLICIEN.

Je m'en suis bien douté. Ce pauvre garçon, me disais-je, il croit que je l'oublie.... Allons vite le rassurer et lui mettre du baume dans les veines!...

ARMAND.

Merci!.. merci!.. Oh! comme elle sera heureuse!

Qui donc?

FÉLICIEN.

ARMAND.

Amélie!.. Elle avait vu mon chagrin... Elle croyait que je ne l'aimais pas...

FÉLICIEN.

Tu l'aimes donc, farceur?

ARMAND.

Elle est si bonne et si jolie!...

FÉLICIEN, riant.

Encore un qui va s'empailler!

MARTIN, dans la coulisse.

Geneviève!... Amélie!... Et le couvert? A quoi pensez-vous donc?

FÉLICIEN, à Armand.

Allons, vite... si ton père nous attrape, il nous sera impossible de bouger!.. (A part, pendant qu'Armand va prendre son chapeau.) Vrai, j'ai besoin de prendre l'air : il y a ici un parfum de vertu, d'honnêteté !... Moi, ça m'étouffe!.. (On entend encore la voix de Martin dans la coulisse, les deux jeunes gens s'esquivent par le fond.)

SCÈNE VI.

MARTIN, GENEVIÈVE.

MARTIN, venant du cellier un panier de vin au bras; allant à la porte de la cuisine.

Geneviève!... Que diable, Dubourg va arriver!.. Il est pressé c't homme!.. un jour de départ... il ne faut pas le faire attendre, Geneviève!...

GENEVIÈVE, venant du cellier.

Eh! mon Dieu me v'là... ne dirait-on pas que le feu est à la maison!

MARTIN, se retournant.

D'où viens-tu donc par là?

GENEVIÈVE.

Je viens d'ouvrir la petite porte... où l'on avait frappé... Un monsieur qui demande à te parler... à toi seul.

MARTIN.

A la petite porte?.. Est-ce qu'on passe jamais par là?.. C'est quelqu'un qui se trompe.

GENEVIÈVE.

Du tout... M. Martin père, c'est toi, peut-être!

MARTIN, posant son panier.

Eh! bien, voyons-le ce monsieur... Fais-le entrer.

GENEVIÈVE, à la porte du cellier.

Entrez, Monsieur, entrez. (Charançon paraît et salue.)

MARTIN.

Monsieur, je suis bien le vôtre...

GENEVIÈVE, bas.

Qu'est-ce qu'il peut donc te vouloir?

MARTIN.

Est-ce que je sais?... Va donc à ton fricot et tâche qu'il ne brûle pas!

GENEVIÈVE, à part, en regardant Charançon.

C'est drôle tout de même. (Elle sort par la cuisine.)

SCÈNE VII.

CHARANÇON, MARTIN.

CHARANÇON, d'un ton doucereux.

C'est à M. Martin père que j'ai l'honneur de parler?

MARTIN.

Oui, Monsieur, qu'est-ce qu'il y a pour votre service?

CHARANÇON.

Monsieur, je viens faire auprès de vous une démarche qui m'est inspirée par la haute considération dont vous jouissez dans cette ville.

MARTIN, saluant.

Monsieur... (A part.) Voudrait-on me nommer du conseil municipal?

CHARANÇON.

Il s'agit de M. votre fils.

MARTIN.

De mon fils? (A part.) Il lui viendrait déjà des clients? Peste!...

CHARANÇON.

Monsieur, Paris est une ville magnifique! C'est, sans contredit, la capitale du monde aimable et spirituel... Mais quel gouffre, Monsieur, quel gouffre! C'est un volcan qui dévore les existences et les fortunes avec une rapidité...

MARTIN.

Pardon... quel rapport cela peut-il avoir...

CHARANÇON.

Avec votre fils?.. Eh! Monsieur!... il faut que jeunesse se passe... la vie n'a qu'un temps et l'on doit faire la part du feu!

MARTIN.

Que je sois pendu si j'y comprends un mot!

CHARANÇON.

Charmant jeune homme que M. votre fils... beaucoup de moyens, de la distinction et une tournure à faire un mariage superbe; mais c'est heureux pour lui que je me sois trouvé sur son chemin.

MARTIN.

Comment?

CHARANÇON.

S'il était tombé sur un de ces exploiteurs comme il y en a tant, tout son patrimoine y passait.

MARTIN.

Oh! mon Dieu!

CHARANÇON.

Rassurez-vous... je ne suis pas homme à m'engraisser des dépouilles d'une honnête famille!.. Avec une cinquantaine de mille francs vous en serez quitte.

MARTIN.

Cinquante mille francs!... mon fils doit cinquante mille francs?

CHARANÇON.

Et peut-être quelque chose avec, sans parler des intérêts et des frais... il y aura compte à faire... Du reste, si la somme vous semblait trop forte pour un seul payement... je vous accorderais tous les délais désirables...

MARTIN.

Ce n'est pas possible, il y a erreur! Comment mon fils devrait-il une pareille somme?... puisque je lui payais sa pension, son loyer, ses inscriptions et vingt francs par mois pour ses menus plaisirs?

CHARANÇON.

Peuh!... C'était une goutte d'eau dans un puits.

MARTIN.

Cinquante mille francs!... Mais à quoi qu'il aurait pu les dépenser?

CHARANÇON.

Et les tailleurs!.. et les traiteurs!.. et les cigares!.. et les spectacles!.. et les petites voitures, où l'on promène des figurantes de l'Opéra ou des écuyères du Cirque!

MARTIN.

Qu'est-ce que j'apprends là?

CHARANÇON.

Oh! les petits messieurs d'aujourd'hui mènent la vie à grande vitesse, et l'or coule dans leurs mains avec une facilité...

MARTIN.

Non, non... C'est une erreur, je vous le répète, ou un mensonge. Des preuves montrez-moi des preuves!

CHARANÇON.

Elles sont chez mon huissier : de belles et bonnes lettres de change parfaitement en règle.

MARTIN.

Ah! c'est affreux! c'est affreux! (Il tombe accablé sur une chaise à droite.)

CHARANÇON.

Du calme, cher Monsieur, un peu de philosophie... Vous n'êtes pas le seul à qui pareille chose soit arrivée, et, malgré les procédés que je puis y mettre, je vois tous les jours des pères...

MARTIN, se relevant avec violence et le saisissant au collet.

Ah! misérable! c'est donc là ton métier?

CHARANÇON.

Lâchez-moi! lâchez-moi! Vous m'étranglez!..

MARTIN, le secouant.

Ah! j'en ai bien envie!.. (Le repoussant.) Eh bien! je ne payerai pas! Ah! j'aurai travaillé quarante ans de ma vie... et parce que mon fils est un drôle, faudra que mon pauvre argent passe de ma poche dans celle d'un coquin?..

CHARANÇON.

Monsieur!..

MARTIN, furieux.

Je ne payerai pas! je ne payerai pas!

CHARANÇON.

Vous êtes dans votre droit.

MARTIN.

Oui, je suis dans mon droit, et je vas en user en te flanquant à la porte!

CHARANÇON, élevant la voix.

Ah! vous voulez du scandale!.. Eh bien! il y en aura, Monsieur. (Martin va fermer la porte de la cuisine.) Moi aussi, j'ai mon droit... et je vais en user en faisant coffrer votre fils.

MARTIN, effrayé.

Plus bas, au nom du ciel! plus bas!.. si ma pauvre femme....

CHARANÇON.

Ah! je suis un coquin!... Et quel nom donnerez-vous à celui qui emprunte avec la certitude de ne pas rendre?

MARTIN.

Ah! quelle honte! quelle honte!..

CHARANÇON.

M. Martin est un honnête homme... tout le monde le sait... Mais dans huit jours on n'en dira pas autant de M. Martin fils, je vous en réponds!

MARTIN.

Monsieur, Monsieur!.. ne faites pas cela, je vous en supplie! Il y a ici une malheureuse femme qui en mourrait de chagrin, si le même coup ne me tuait pas avec elle!

CHARANÇON, mielleusement.

Je ne veux de mal à personne... je veux rentrer dans mes fonds, voilà tout!

MARTIN.

Ah! le misérable enfant!... c'est notre ruine qu'il a consommée!

CHARANÇON.

Eh! mon Dieu!.. il n'est pas seul coupable... Le mauvais exemple... les amis...

MARTIN.

Il en avait de bons, pourtant!

CHARANÇON.

Qui? M. Félicien Laroche? un bandit... qui vous a fait accroire qu'il était reçu avocat...

MARTIN.

Il m'aurait trompé!.. Mais alors, Armand lui-même...

CHARANÇON, avec compassion.

Tenez, je vous plains de tout mon cœur.

MARTIN, tombant anéanti près de la table de gauche.

C'est affreux!

CHARANÇON, lui glissant sa carte dans la main.

Voici mon adresse à Paris... Réfléchissez... prenez votre temps... mes titres sont en règle, les intérêts marchent toujours... et votre solvabilité me rassure complètement... Mes respects à madame Martin, je vous prie. J'attendrai votre décision pour agir en conséquence.

MARTIN.

Oui, oui, je vous écrirai... je me saignerai, s'il le faut, des quatre membres, plutôt que de souffrir la moindre tache à notre nom! Mais, par pitié, de la prudence, Monsieur, que pas un mot ne puisse révéler à ma femme toute l'étendue de notre malheur.

CHARANÇON.

Soyez sans inquiétude à cet égard. Enchanté, Monsieur, d'avoir fait votre connaissance, et à l'avantage de vous revoir. (Il va pour sortir au fond.)

MARTIN, l'arrêtant.

Par ici... par ici!.. (Il l'entraîne du côté de la petite porte.)

SCÈNE VIII.

AMÉLIE, DUBOURG, puis GENEVIÈVE, puis MARTIN, puis ARMAND.

AMÉLIE, venant du jardin.

Venez, monsieur Dubourg, suivez-moi, mon parrain est à la maison.

GENEVIÈVE, venant de la cuisine un saladier dans les mains.

Bonjour, capitaine... je suis un peu embarrassée... Ne vous impatientez pas, nous allons finir de mettre le couvert; c'est l'affaire d'une minute... Asseyez-vous donc un instant, capitaine.

AMÉLIE, aidant sa marraine à mettre le couvert.

Eh bien! où est donc mon parrain?

DUBOURG.

Est-ce que Martin va manquer à l'appel?

GENEVIÈVE.

Je l'entends qui ferme la porte de la ruelle. Il est allé accompagner un monsieur qui était avec lui.

AMÉLIE.

Ah! qui donc?

GENEVIÈVE.

Est-ce que je sais! est-ce que les maris n'ont pas toujours un tas de cachotteries pour leurs femmes!

DUBOURG, riant.

Ah! ah! il paraît que vous faites toujours mauvais ménage!..

GENEVIÈVE, riant.

Je suis bien malheureuse, allez!.. Aide-moi à porter la table, fillette. (Elles placent la table au milieu du théâtre.)

DUBOURG.

Allons donc! tyran, arrive donc!

MARTIN, entrant en affectant la gaieté.

Me voilà! me voilà! mes amis.

DUBOURG.

Viens recevoir ton savon. Il paraît, monstre d'homme, que nous rendons notre femme malheureuse.

MARTIN.

Qui ça?.. Elle? Geneviève? ah! par exemple! T'as dit ça, toi? (Il lui prend la main.)

GENEVIÈVE, le repoussant comiquement.

Oui... oui... fais ton bon apôtre!.. parce qu'il y a du monde! Qu'est-ce que c'est que ce monsieur qui fait des mystères pour te parler?

MARTIN, embarrassé.

C'est... c'est... un monsieur...

DUBOURG, riant.

Ah! te voilà à la côte, mon brave, il faut amener pavillon.

MARTIN.

Eh bien, quoi? C'est... un monsieur qui venait pour affaires... des affaires qui... Enfin... puisque le couvert est mis, pourquoi la soupe n'est-elle pas sur la table?.. Si tu crois que Dubourg a du temps à perdre.

GENEVIÈVE.

Eh ben! c'est bon, on y va.

DUBOURG, allant accrocher sa casquette au porte-manteau du fond.

En effet... la marée monte, le vent souffle, et je devrais déjà avoir levé l'ancre; mais je n'ai pas voulu pousser au large sans embrasser la mère Martin... ainsi que cette chère enfant.

AMÉLIE.

C'est bien aimable à vous, capitaine.

MARTIN.

Et Armand?.. que fait-il? A quoi qu'il pense? D'où vient qu'il n'est pas là?

AMÉLIE, appelant au fond.

Monsieur Armand... monsieur Armand... venez donc! Votre père vous demande.

ARMAND, entrant et très-gai.

Me voilà, ma chère Amélie. (Apercevant Dubourg.) Ah! pardon, monsieur Dubourg, de ne m'être pas trouvé ici pour vous recevoir. Un ami, un confrère, qui arrive de Paris, m'avait entraîné pour serrer la main à quelques camarades d'étude...

MARTIN.

Ah! sans doute... les amis!... les amis passent avant tout le monde.

DUBOURG.

Ne vas-tu pas gronder ce garçon parce qu'il s'est fait héler? (Il remonte avec Martin.)

ARMAND, à part.

J'ai vu le moment où ce fou de Félicien m'entraînerait de force au café avec des artistes qu'il a rencontrés.

AMÉLIE, s'approchant.

Il paraît que la présence de votre ami vous a rendu toute votre gaieté.

ARMAND.

Ah! maintenant je suis tranquille, je suis heureux.

AMÉLIE.

Alors ce secret que vous deviez me confier?..

ARMAND.

N'a plus rien qui m'attriste, et je puis vous le dire... Amélie... ma chère Amélie... je vous aime!

LES CROCHETS DU PÈRE MARTIN.

GENEVIÈVE, *entrant avec la soupière et le plat de lapin dessus.*

Voilà la soupe! A présent, à table. Vous, capitaine, entre Mélie et moi. (Elle commence à servir. — Tout le monde s'assied.) Armand, est-ce que ton ami ne vient pas?

ARMAND.

Il prie que nous commencions sans lui... Une affaire importante qu'il avait oubliée... Mais, au dessert...

MARTIN.

C'est bon... c'est bon... à son aise... Quand il viendra... il sera le bien reçu, j'en réponds; et il ne perdra rien pour attendre.

DUBOURG.

On dirait que le vent est à la bourrasque, mon vieux?

MARTIN, *se contenant.*

Du tout... du tout... par exemple!

ARMAND, *à part.*

Qu'a donc mon père?

DUBOURG.

Ce n'est pas de si tôt que je me retrouverai à cette bonne place; mais j'espère que mon souvenir y restera et que, dans vos réunions de famille, vous penserez quelquefois à l'ami Dubourg.

AMÉLIE.

Vous allez donc bien loin, capitaine?

DUBOURG.

En Australie... rien que ça. Un petit voyage de cinq mois, à ne voir que le ciel et l'eau. La maison qui a frété mon navire y a mis toute sa fortune, qui sera doublée, si je reviens au Havre sans accident.

AMÉLIE, *se levant pour enlever les assiettes à soupe.*

Nos vœux vous suivront et vous porteront bonheur, capitaine. (Martin verse à boire. — Amélie pose la salade sur la table, et Geneviève sert le lapin.)

MARTIN.

Allons, à la santé de Dubourg.

DUBOURG.

Et à la vôtre, mes amis. (On trinque et on boit.)

MARTIN, *après avoir bu.*

Ah!.. dame... on sait comment on se quitte... sait-on comment on se retrouvera?

DUBOURG.

Bah!.. ayons foi dans l'avenir!

MARTIN.

Oui, l'avenir!.. Parlons-en! On se donne bien du mal pour l'assurer, et un beau jour... patatras!..

GENEVIÈVE.

As-tu fini, voyons, avec tes mauvais présages?

DUBOURG.

Au moment de se quitter, on ne doit parler que d'espérance...

AMÉLIE.

Qu'est-ce que vous avez donc, mon parrain?

DUBOURG.

Tu es gai comme un jour de brouillard.

GENEVIÈVE.

Gageons que cette visite de tout à l'heure y est pour quelque chose.

ARMAND.

Mon père a reçu une visite?

GENEVIÈVE.

Un monsieur qui n'a pas voulu dire son nom et avec qui il s'est enfermé.

ARMAND, *inquiet.*

Ah!

MARTIN.

Tiens, Dubourg, entre vieux amis comme nous, faut pas y aller par quatre chemins... surtout quand le temps presse. Tu peux en partant faire une bonne action et rendre service à un brave homme, un de nos anciens camarades.

DUBOURG.

Ma foi, si la chose est possible, ce sera avec plaisir.

MARTIN.

Te souviens-tu de Morisseau?

DUBOURG.

Qui s'était retiré à Fécamp avec une petite fortune loyalement acquise?.. oui, certes, je me le rappelle.

MARTIN.

Eh bien! il est ruiné.

TOUS.

Ruiné?

MARTIN.

L'ambition lui avait tourné la tête, il a voulu faire comme tant d'autres, il a joué à la Bourse.

DUBOURG.

Ah! le malheureux!

MARTIN.

Et maintenant il faut qu'il recommence à travailler comme autrefois.

GENEVIÈVE.

Est-ce donc cela qu'on est venu t'annoncer?

MARTIN.

Oui... oui... c'est cela!

DUBOURG.

Et son fils? Il avait un fils?

MARTIN.

Oui, un fils, tout son espoir... un fils adoré par sa mère!..

DUBOURG.

Et qu'il voulait envoyer à Paris pour y étudier le droit comme Armand.

MARTIN.

Eh bien! il est aujourd'hui au Havre, sans ressources, cherchant un emploi pour vivre et n'ayant pour toute fortune que l'habit qu'il porte sur le dos!

GENEVIÈVE.

Le pauvre enfant!

DUBOURG.

Parle, que puis-je faire pour lui?

MARTIN.

Le prendre à ton bord et l'emmener.

TOUS.

L'emmener!..

GENEVIÈVE.

L'emmener! y penses-tu, Martin?.. Et sa famille?.. Et sa mère?.. On ne peut pas lui enlever son enfant.

MARTIN.

C'est lui-même qui le désire... et qui m'a fait prier de le recommander à Dubourg. Tu m'as dit souvent que tu serais heureux d'avoir avec toi un jeune homme actif, dévoué, qui pût te seconder dans les affaires qui te sont confiées; eh bien!.. je te demande d'emmener celui-là. Je te le demande au nom de sa famille, au nom de sa mère dont l'avenir est compromis et à qui, par son travail, il pourra rendre un jour, peut-être, le repos et le bonheur!

GENEVIÈVE *se lève et embrasse tendrement son fils.* — *Amélie enlève la salade et donne le dessert.*

Ah! mon Armand!.. mon fils bien-aimé! que Dieu est bon de ne pas me condamner à une pareille épreuve!

DUBOURG, *prenant la main de Martin, à part.*

Martin, qu'as-tu donc?

MARTIN, *vivement.*

Rien... rien... Tais-toi!..

AMÉLIE, *à part.*

Je suis toute tremblante.

GENEVIÈVE.

C'est beau, tout de même, à ce jeune homme de se dévouer ainsi lorsque son père est dans le malheur!..

MARTIN.

Dubourg, j'ai compté sur toi!.. j'ai promis en ton nom... Tu vas retourner à ton bord, bientôt mon jeune protégé ira t'y rejoindre et deviendra le tien. Tu consens, n'est-ce pas?

DUBOURG.

L'amitié a ses devoirs et je saurai les remplir.

MARTIN, *lui serrant la main avec émotion.*

C'est bien!.. oh! c'est bien ce que tu fais là... Dubourg... et il y a là-haut quelqu'un qui ne l'oubliera pas.

GENEVIÈVE.

Capitaine, traitez ce brave jeune homme comme votre enfant; je vous le demande au nom de sa mère...

DUBOURG.

Je vous le promets!

GENEVIÈVE.

Et comme il ne faut pas qu'il parte dénué de tout, Mélie, tu vas venir m'aider... La garde-robe d'Armand est assez bien montée pour que le pauvre voyageur y trouve sa part... Tu le veux bien, Armand?

ARMAND.

Ah! ma mère!.. (On entend dans l'éloignement la cloche d'appel d'un bateau.)

DUBOURG.

Hâtez-vous alors, car le temps presse.

MARTIN, *se levant.*

Allons, un dernier verre à ta santé, mon brave Dubourg. (On se lève.)

DUBOURG.

A la vôtre, mes amis. (On trinque, on boit.)

GENEVIÈVE.

Capitaine, si je ne vous revois pas... embrassez-moi... **et** veillez bien sur lui! (Elle l'embrasse.)

LES CROCHETS DU PERE MARTIN.

AMÉLIE, bas à Dubourg, en lui donnant son chapeau et son paletot.

Moi aussi, capitaine, je vous le recommande. (Dubourg embrasse Amélie.)

DUBOURG.

Allons, adieu !... adieu, mes amis !...

TOUS.

Adieu, capitaine, bon voyage ! (Dubourg sort par le fond, reconduit par Martin jusque dans le jardin.)

GENEVIÈVE.

Viens, Mélie. (Geneviève et Amélie sortent par le premier plan à gauche. — Armand reste pensif sur l'avant-scène.)

SCÈNE IX.

ARMAND, puis MARTIN, puis FÉLICIEN.

ARMAND, seul.

Mon père parlait-il sérieusement? Morisseau... sa ruine subite.... le départ de son fils !... Un froid mortel m'a saisi au cœur. (Martin rentre et s'avance vers Armand en le regardant avec une colère concentrée. — Armand recule devant lui.) Mon père !.. qu'y a-t-il donc?..

MARTIN, tirant brusquement la carte que Charançon lui a remise et la mettant sous les yeux d'Armand.

Tiens... connais-tu ce monsieur?

ARMAND, regardant la carte.

Charançon !

MARTIN, après un temps.

Crois-tu qu'il y ait dans ton Code un nom et un châtiment pour ce que tu as fait?

ARMAND.

Oh ! mon père, ne m'accablez pas !

MARTIN.

Tais-toi !... Ne ravis pas à ta mère le seul bonheur qui lui reste.... le droit de croire son fils un honnête homme. Tu comprends maintenant le rôle que j'ai joué devant elle et celui que je te réserve... Tu vas partir.

ARMAND.

Partir !.. quitter ma mère, vous, Amélie !..

MARTIN.

Amélie !.. pauvre ange !.. Un beau cadeau que je lui ferais en lui donnant un mari comme toi ! Pour que tu manges sa dot avec tes danseuses et tes escrocs, comme tu as mangé le pain de nos vieux jours !

ARMAND.

Rien ne peut me justifier, je le sens, et vous ne croirez pas à mes promesses... Mais, du moins, je puis réparer le mal que j'ai fait, et ni vous ni ma mère vous n'aurez à souffrir de mes erreurs : cet ami que vous avez vu ici... tantôt...

MARTIN.

Ce compagnon de vos débauches.

ARMAND.

Il est riche... il va l'être... et sa première pensée a été de me venir en aide... Je payerai ce que je dois, mon père, je vous le jure... et je cours... (Apercevant Félicien qui a paru au fond pendant les derniers mots.) Tiens ! Félicien, viens donc, viens rassurer mon père. Il sait tout!.. il a vu Charançon !

Ah!

FÉLICIEN, la tête basse.

ARMAND.

Mais je lui ai dit que j'avais en toi un ami véritable, et que bientôt, grâce à ton mariage...

FÉLICIEN, lui présentant une lettre.

Lis ça !

ARMAND.

Ah! mon Dieu... ta cousine....

FÉLICIEN.

Elle se marie.

ARMAND.

Et elle épouse?..

FÉLICIEN.

Son homme d'affaires.

ARMAND, atterré.

Nous sommes perdus!

FÉLICIEN.

Quelle tuile !

MARTIN, les désignant.

Voilà où ces beaux Messieurs en arrivent! Joueurs débauchés et paresseux... vous me faites pitié !.. Et on enfermerait des gas comme ça, on n'aurait pas raison ! (Avec colère.) Hors d'ici ! laissez-moi défendre la probité et le nom de la famille que vous avez traîné dans la boue! (A Félicien.) Et quant à vous, monsieur l'avocat, regardez bien cette maison...

FÉLICIEN, avec un sérieux comique.

Ah!.. Monsieur... n'accablez pas un mourant...

MARTIN.

Un mourant !..

FÉLICIEN.

Je suis bien près d'en finir avec les vicissitudes de l'existence...

MARTIN.

Vous !..

FÉLICIEN.

Je ne vous demande pas de me pardonner, mais de l'indulgence pour ce pauvre garçon... qui n'a eu qu'un tort, c'est de ne pas assommer le Charançon avant de partir !.. Adieu, Armand, adieu, mon brave ami!

ARMAND.

Félicien !...

FÉLICIEN, s'adressant à Martin.

Monsieur, ce soir la mer sera haute, la jetée déserte... et je ne sais pas nager, je vous en préviens, mais j'aime encore mieux ça que d'aller à Clichy. (Il sort par le fond.)

MARTIN.

Bon voyage !... Ce n'est pas moi qui te repêcherai. (On entend le bruit éloigné d'une cloche.)

SCÈNE X.

LES MÊMES, GENEVIÈVE, AMÉLIE.

GENEVIÈVE.

Dubourg va bientôt partir... Entendez-vous la cloche? Tiens, Armand, voilà tout ce que nous avons pu réunir à la hâte pour ce pauvre enfant à qui je m'intéresse... comme s'il était à moi.

ARMAND, ému.

Ma mère !..

MARTIN, l'interrompant.

Tu vas le lui porter toi-même. (Geneviève s'occupe à fermer la valise. — Martin se retourne vers Amélie, qui est venue lui toucher doucement le bras.) Qu'est-ce que tu veux, Amélie?..

AMÉLIE, bas.

Ah! mon parrain, pardonnez-moi... J'étais là, j'ai tout entendu... Prenez... prenez tout l'argent qui m'appartient... mais, je vous en conjure, ne le laissez pas partir!

MARTIN, de même.

Te dépouiller pour... Non... non... jamais!

GENEVIÈVE.

Là!.. c'est fini. Tiens, Armand, va vite.

ARMAND, maîtrisant à peine son émotion.

Oui, ma mère.., oui...

MARTIN, sévèrement.

Dis à Dubourg que je compte sur sa promesse.

GENEVIÈVE.

Dis-lui que je lui recommande encore notre jeune protégé.

ARMAND.

Oui... oui... ma mère.

GENEVIÈVE.

Tiens... embrasse ce pauvre enfant pour moi... (Elle embrasse Armand, qui détourne la tête pour cacher son émotion.)

AMÉLIE, retenant ses larmes et lui offrant son chapeau.

Et serrez-lui bien la main de ma part !..

ARMAND.

Amélie !... (Il s'approche de son père sans être vu de Geneviève, et lui prend la main; celui-ci fait un violent effort sur lui-même, dégage sa main, et, sans pouvoir parler, lui fait signe d'obéir. — On entend le dernier coup de cloche du départ.)

GENEVIÈVE, donnant la valise à Armand.

Va vite, Armand, le temps presse... (Armand embrasse sa mère une dernière fois, serre la main à Amélie et sort avec douleur. Martin tombe anéanti près de la table de droite.)

SCÈNE XI.

AMÉLIE, MARTIN, GENEVIÈVE.

GENEVIÈVE, s'approchant de Martin et s'appuyant sur son épaule.

Tu penses à Morisseau, n'est-ce pas? Moi je pense à sa femme. Reverra-t-elle son enfant?...

MARTIN, relevant la tête.

Dieu est bon, Geneviève, et il est maître de l'avenir.

GENEVIÈVE.

Pendant que le bonheur habitera notre maison, quelle solitude, quelle tristesse régnera dans celle de ces pauvres gens !,

MARTIN.

Perdre la fortune de sa femme... celle de son unique enfant... c'est une grande faute... Geneviève!

GENEVIÈVE.

Mais quand on reste honnête, tout peut encore se réparer avec du courage!

MARTIN.

Et si pareil malheur m'était arrivé?..

GENEVIÈVE.

Mon pauvre homme!... nous chercherions à te consoler à force de tendresse et de résignation... N'est-ce pas, Mélie?

AMÉLIE, se rapprochant.

Oh!... oui! oui!...

MARTIN, les prenant sur son cœur.

Chères et bonnes créatures!... commencez donc, dès à présent, votre sainte mission...

GENEVIÈVE.

Martin... que veux-tu dire?... cette pâleur... ces larmes qui roulent dans tes yeux... Tu me caches quelque chose... Je veux le savoir, parle!.. Morisseau?..

MARTIN.

Le bonheur habite sa maison, Geneviève, et la tristesse va régner dans la nôtre...

GENEVIÈVE.

Je ne te comprends pas, je ne peux pas te comprendre...

MARTIN.

Geneviève!.. je t'ai ruinée...

GENEVIÈVE, avec désespoir.

Ah! mon enfant!.. mon fils... (On entend un coup de canon.) Mon Armand!..

MARTIN.

Il est parti!... (Geneviève chancelle et tombe évanouie dans les bras de Martin. — Amélie tombe à genoux en sanglotant.)

ACTE TROISIÈME.

Le coin d'un quai du Havre. — A droite, le café restaurant de l'hôtel Britannique; à gauche, une maison formant l'angle d'une rue.

SCÈNE PREMIÈRE.

LE PILOTE GÉRARD et QUELQUES MARINS sont attablés à la porte du café DES VOYAGEURS et DES COMMISSIONNAIRES, portant des caisses, des ballots, vont et viennent. — Au lever du rideau, tableau animé. LAURENT, en garçon d'hôtel, lit le journal, debout contre la porte.

GÉRARD.

Oui, mes enfants, foi de maître pilote, c'est comme je vous le dis; quand j'ai abordé ce pauvre navire, hier, à trois lieues au large du Havre, il n'était que temps. La mer était furieuse; le vent le poussait droit sur Fecamp, et j'ai eu encore bien de la peine à l'y faire entrer. Après quoi je m'en suis revenu au Havre avec la marée.

UN MARIN.

C'est une drôle d'histoire tout de même!

GÉRARD.

Et qui fera du bruit dans le port, je vous en réponds. (Appellant.) Eh!... garçon! garçon!..

LAURENT.

Voilà, Monsieur, voilà!

LE MARIN, à Gérard, qui paye.

T'es donc bien pressé?

GÉRARD.

Faut-il pas que j'aille faire mon rapport à la marine? Et puis, à quatre heures, le paquebot d'Amérique lève l'ancre, et c'est moi qui dois le sortir. (A Laurent.) Garde le reste, fiston.

Merci, Monsieur.

GÉRARD.

Allons, au revoir, mes enfants.

LES MARINS.

Nous vous accompagnons, père Gérard. (Gérard et les marins sortent.)

LAURENT.

Cinquante centimes!.. quelles braves gens que ces matelots!.. quand ils ont fait de bonnes affaires, l'argent ne leur tient pas dans les doigts.

SCÈNE II.

LAURENT, FÉLICIEN, en tenue d'employé du chemin de fer, un petit manteau sur le bras, entrant par le fond à droite.

FÉLICIEN, chantant.

Ohé! mes p'tits agneaux,
Qu'est-c'qui cass' les verres?..

LAURENT.

Tiens! c'est M. Félicien!

FÉLICIEN.

Cet imbécile de Laurent!

LAURENT, riant.

Merci!.. toujours quelque chose d'aimable à vous dire... Et vous arrivez?..

FÉLICIEN.

Par l'express de ce matin, grande vitesse.

LAURENT.

Le train est en avance, il me semble?

FÉLICIEN.

Eh non! au contraire, nous sommes en retard; nous avons perdu, cette nuit, près de dix minutes à Beuzeville, pour prendre des voyageurs de Fécamp.

LAURENT.

Du reste, ça va toujours bien?

FÉLICIEN.

Très-bien! comme tu vois, quoique un peu fatigué.

LAURENT.

Ah! dame, une place d'employé dans les chemins de fer, c'est pas une sinécure!.. toujours à rouler.

FÉLICIEN.

Ce n'est pas comme toi, paresseux, qui n'en prends qu'à ton aise... comme autrefois, quand tu étais à notre service.

LAURENT.

Ah! ah! je manquais de conscience, Monsieur, je manquais de conscience; mais j'ai bien changé!.. Qu'est-ce qu'il faut vous servir? du café? du bitter? un verre d'alicante?

FÉLICIEN, s'asseyant.

Une chope et un cigare.

LAURENT.

Nous avons d'excellents panatellas à cinquante centimes.

FÉLICIEN.

Tu m'ennuies! un cigare d'un sou.

LAURENT.

Ah! bon... un souladas!

FÉLICIEN.

Je les préfère!.. Cet animal a la fureur de m'offrir sans cesse les choses les plus chères.

LAURENT.

C'est que Monsieur avait l'habitude autrefois...

FÉLICIEN.

Ah ouiche! les habitudes... il a fallu en rabattre!... Autrefois je ne regardais pas au prix... à la dépense... Aujourd'hui c'est différent... je calcule!..

LAURENT, à part, en sortant.

Quelle dégringolade!

FÉLICIEN, prenant le journal.

Voyons le journal maritime. Je ne le regarde jamais sans que le cœur me batte. Arrivages: la Dorade, les Trois-Amis... ce n'est pas mon affaire!.. Rien non plus à l'article des colonies. (Il continue à lire.)

LAURENT, rapportant la chope et les cigares.

La chope et le souladas demandés... Quelle drôle de balançoire que la vie de ce monde!.. Dire que vous v'là avec la capote et la casquette d'uniforme... vous que j'ai connu, il y a deux ans, un lion fini!... Hein! vous souvenez-vous de notre petite maison d'Auteuil? C'est là qu'on se passait donce!.. Qu'est-ce qui nous aurait dit que nous nous retrouverions un jour au Havre; vous, sous-chef de train, en attendant mieux; moi, garçon à l'hôtel Britannique... en attendant que je m'établisse.

FÉLICIEN, posant le journal.

Avec ce que tu nous as volé, farceur.

LAURENT.

Avec mes économies, Monsieur!... le fruit de mes labeurs et de mes spéculations... Est-ce que vous ne monterez pas vous reposer... dans votre petite chambre du cintième?

FÉLICIEN.

Me reposer!.. j'ai bien autre chose à faire... J'ai d'abord à parler à quelqu'un que j'attends ici.

LAURENT, d'un air malin.

Oui, oui... connu... la filleule au vieux Martin, le commissionnaire d'en face... le père à mon ancien bourgeois... Du reste, une jolie jeunesse.

FÉLICIEN.

Je l'aperçois, laisse-nous... et tâche de garder pour toi tes réflexions et tes airs malins!.. ou sinon...

CRIS, dans le café.

Garçon! garçon!

LAURENT.

Voilà, Monsieur, voilà! (Il sort.)

SCÈNE III.

FÉLICIEN, AMÉLIE, venant du fond à gauche, un cahier de musique à la main. Elle s'arrête un moment et regarde autour d'elle.

FÉLICIEN, allant à elle.

Que vous êtes bonne d'être venue, mademoiselle Amélie!

AMÉLIE.

J'ai toujours peur que mon parrain ne me voie vous parler.

FÉLICIEN.

Ne craignez rien, il doit être encore à la gare en train de charger des bagages. Le cher homme! il m'en veut toujours, j'en suis sûr! J'étais venu me loger là pour avoir occasion de le rencontrer, de lui parler; mais quand je le vois revenir à cette place, s'asseoir sur ses crochets et essuyer son front respectable tout baigné de sueur... je me mets à trembler de toutes mes forces et je me sauve comme un coupable! Je ne sais pas, voyez-vous, ce que je donnerais pour qu'il me tendît la main!

AMÉLIE.

Prenez la mienne en attendant, monsieur Félicien.

FÉLICIEN, avec joie.

Ah!... les femmes... ça comprend, ça devine, ça pardonne.

AMÉLIE.

Notre affection mutuelle pour le pauvre absent était un lien qui devait nous rapprocher.

FÉLICIEN.

Eh bien! pendant mon dernier voyage, avez-vous appris quelque chose, avez-vous enfin reçu des lettres?

AMÉLIE.

Aucune, et vous?

FÉLICIEN.

Pas davantage!

AMÉLIE.

Oh! mon Dieu, quelle est donc la cause de ce long silence?

FÉLICIEN.

Peut-être, après ce qui s'est passé, Armand n'ose-t-il pas écrire à son père.

AMÉLIE.

A son père, oui, je le comprends, mais à vous... mais à moi? Ce n'est pas moi qui dois l'effrayer beaucoup!

FÉLICIEN.

Le capitaine Dubourg vous a annoncé qu'ils étaient arrivés à bon port...

AMÉLIE.

Il y a six mois de ça...

FÉLICIEN.

Et que la conduite d'Armand ne méritait que des éloges.

AMÉLIE.

Six mois, et depuis lors... rien, pas un mot, ni d'Armand, ni du capitaine! cela me rend bien malheureuse. Mon parrain le voit et devine à me rassurer; mais, dans le fond, il s'inquiète autant que moi... et vous-même, vous n'êtes pas tranquille, avouez-le!

FÉLICIEN.

Bah! il ne faut pas non plus mettre les choses au pis! Qui sait s'ils ne sont pas en route pour revenir? Et, dame, en pleine mer, on ne trouve pas aisément des bureaux de poste... Ça viendra... peut-être... mais ils ne sont pas encore établis... Allons, allons, ne vous tourmentez pas... un de ces quatre matins vous le verrez débarquer ici, frais, bien portant et des millions dans les poches.

AMÉLIE, secouant la tête.

Des millions!

FÉLICIEN, gaiement.

Parbleu!.. est-ce que tout le monde ne fait pas fortune en Australie? Elle n'a été inventée que pour ça.

AMÉLIE.

Ah! le ciel vous entende! Puisse Armand être à même de réparer le mal qu'il a fait!... O mon pauvre parrain!.. Après avoir travaillé si longtemps pour se procurer sur ses vieux jours un peu d'aisance et de repos, se voir forcé de supporter mille privations, mille fatigues!.. Ah! c'est bien triste!

FÉLICIEN.

Et vous, mam'selle Amélie, vous voilà en course pour aller donner vos leçons?

AMÉLIE.

Je cherche à utiliser le peu de talent que l'on m'a donné, à créer quelques ressources à ceux qui m'ont élevée, soignée comme leur enfant... et, de ce côté, du moins, je suis contente... ça va bien.

FÉLICIEN.

Oh! tant mieux.

AMÉLIE.

Et puis, quand j'ai un petit moment à moi, je vais sur la jetée guetter les navires qui entrent dans le port,., toujours...

FÉLICIEN.

Voir arriver le Neptune, n'est-ce pas? Eh bien, il ne faut pas que je vous retienne... Allez, ne vous gênez pas et bonne chance! Moi, j'irai tantôt dans la maison Duhamel, les armateurs du Neptune, et si l'on a des nouvelles, je vous guetterai au passage pour vous en faire part.

AMÉLIE, lui tendant la main.

Que vous êtes bon! Allons, au revoir, monsieur Félicien, je vais vite donner une leçon et puis je reviendrai... J'ai promis à mon parrain de repasser par ici à l'heure de son dîner... Une petite surprise que nous avons arrangée pour ma marraine... Au revoir... et vous aussi bonne chance!..

FÉLICIEN.

Adieu!... adieu! mam'selle Amélie!.. (La regardant s'éloigner.) Trésor de petite femme! ça n'a pas je crinoline, ni de poudre de riz sur la figure... ça a du cœur, au moins! Et cet animal d'Armand qui la laisse sans nouvelles!.. Ah!.. pourvu qu'il n'ait pas fait quelque sottise par là-bas!.. (Il boit sa chope et allume son cigare.)

SCÈNE IV.

FÉLICIEN, CHARANÇON, puis OLYMPIA.

CHARANÇON, chargé de sacs de voyage, de cartons, et poursuivi par des gens du port qui lui offrent leurs services.

Eh! mais... laissez-moi donc, je n'ai besoin de personne... Allez tous au diable!

FÉLICIEN.

Eh! mais... je ne me trompe pas! (Il lui frappe rudement sur l'épaule.)

CHARANÇON, se retournant.

Hein!.. qu'est-ce que c'est?.. (Le reconnaissant.) Félicien!..

FÉLICIEN.

C'est ce coquin de Charançon!..

CHARANÇON.

Pardon, Monsieur, mais...

FÉLICIEN.

Mais quoi?.. Seriez-vous devenu honnête homme?

CHARANÇON.

Je suis marié, mon cher!

FÉLICIEN.

Ah! fichtre!.. vous êtes brave!..

CHARANÇON.

Et ce ton de plaisanterie, que je tolérais quand j'étais garçon, quand nous avions ensemble des relations d'affaires, ne saurait plus me convenir...

FÉLICIEN.

A présent que je suis plumé!... Ah çà! vieux crocodile, par quel hasard vous trouvez-vous au Havre?

CHARANÇON.

J'y viens, comme tout le monde, pour la saison des bains

FÉLICIEN.

Sans votre femme?

CHARANÇON.

Non pas! je la précède avec ses cartons pour faire préparer l'appartement, pendant qu'elle s'amuse à regarder les boutiques de curiosités et d'animaux... Elle a envie d'un singe.

FÉLICIEN.

Tiens!.. elle collectionne?

CHARANÇON.

Ah! mauvais plaisant!.. Toujours gai!.. toujours caustique!.. Au moins ménagez-moi devant mon épouse... la voilà... je l'aperçois... (Remontant.) Par ici, chère amie, par ici! (Entre Olympia en toilette exagérée et l'ombrelle ouverte.)

OLYMPIA.

Eh bien!.. cet appartement, où est-il?.. Et mes malles, mes bagages?

CHARANÇON.

Ils vont venir, bichette, sois tranquille! (A Félicien.) Elle a voulu emporter toute une cargaison de dentelles...

FÉLICIEN, passant la tête sous l'ombrelle.

Olympia!..

OLYMPIA.

Madame Charançon, s'il vous plaît, jeune homme!.. Tiens, c'est vous?

CHARANÇON.

Il est d'une familiarité!..

FÉLICIEN, riant.

Ah! bah! c'est elle que vous avez épousée?

OLYMPIA.

Moi-même.

CHARANÇON.

Et je trouve étonnant que vous vous étonniez...

FÉLICIEN.

Moi, pas du tout; ça me fait rire, mais ça ne m'étonne pas. Je sais que vous avez l'habitude des affaires... douteuses.

CHARANÇON.

Plaît-il, monsieur Félicien?..

FÉLICIEN.

Voyons, voyons, je plaisante, ne nous fâchons pas !... et recevez mon compliment, belle dame.

CHARANÇON.

A la bonne heure !

FÉLICIEN.

Le parti n'est pas beau...

CHARANÇON.

Encore !

FÉLICIEN.

Mais il est cossu... et vous devez être parfaitement heureuse.

CHARANÇON.

Certainement!.. nous nous adorons : un vrai nid de tourtereaux...

OLYMPIA.

Taisez-vous !..

CHARANÇON.

D'abord, elle me laisse faire toutes mes volontés...

OLYMPIA.

Assez !

CHARANÇON.

C'est elle qui tient la bourse pour m'éviter l'ennui de...

OLYMPIA.

Assez!.. c'est bien !.. en voilà assez !.. (A Félicien.) Vous comprenez, mon petit, que la danse et les coulisses de l'Opéra, c'est très-amusant ! mais j'aurais fini par y laisser ma réputation. Moi, d'abord, j'ai toujours eu une toquade : la vertu et l'argent... j'avais l'une...

CHARANÇON.

J'avais l'autre...

OLYMPIA.

Et j'ai ceint la couronne d'oranger.

CHARANÇON.

Et il y avait un monde pour voir ça !..

OLYMPIA.

Taisez-vous !

CHARANÇON.

Et c'était gai !.. et l'on a ri !..

OLYMPIA.

Vous êtes insupportable !.. Ce cher bichon a été d'une délicatesse chez le traiteur et chez le notaire !.. un repas superbe... et un contrat !.. Il a placé toute sa fortune sur ma tête, en Amérique !..

CHARANÇON.

Pour être à l'abri des malheurs.

FÉLICIEN.

Oui... oui... c'est prudent !

OLYMPIA, câlinant.

Vous comprenez s'il faut qu'il ait confiance dans sa louloute !

CHARANÇON.

Oh !

OLYMPIA.

Mais vous, grand mauvais sujet, qu'êtes-vous donc devenu ? Voilà un siècle qu'on ne vous a vu dans les salons... Chez Mabille, au pré Catelan... éclipse de Félicien !

FÉLICIEN.

Je suis dans les chemins de fer.

OLYMPIA.

Actionnaire ?

FÉLICIEN.

Simple employé à 1200 francs !

OLYMPIA.

En effet, ce costume... je n'avais pas remarqué d'abord... ça vous va bien !.. Et votre ami... le petit Armand ?

FÉLICIEN.

Autre astre éclipsé! Parti pour l'Australie!

CHARANÇON.

Ah ! vraiment?

OLYMPIA.

Pauvre garçon !

FÉLICIEN.

Oui... pauvre garçon !.. voilà notre oraison funèbre.

CHARANÇON.

Ah çà ! et son père? le petit père Martin ?

FÉLICIEN, lui saisissant le bras.

Oh ! celui-là... n'en parlons pas pour votre honneur... Dépouillé... ruiné par son fils... par vous, il lui a fallu reprendre ses crochets pour vivre !.. Tenez... tenez... voilà ce que vous en avez fait, du père Martin.

SCÈNE V.

LES MÊMES, MARTIN, puis LAURENT.

(Martin est vêtu en homme du port et porte péniblement sur ses crochets des malles et des bagages. Un grand changement s'est fait en lui; ses cheveux, gris dans le premier acte, sont devenus tout à fait blancs, et ses traits portent les traces de fortes souffrances morales.)

OLYMPIA, bas à Félicien.

Comment, ce commissionnaire qui porte nos bagages?..

FÉLICIEN, bas.

C'est le père d'Armand.

CHARANÇON, à part.

Diable !.. je suis fâché de la rencontre. (Allant vivement à l'hôtel et appelant.) Garçon!.. holà !.. garçon !.. (A Laurent, qui entre.) Vite, prenez ces malles, entrez-les à l'hôtel. (Laurent aide Martin à ôter ses crochets.) Vous donnerez vingt sous à ce brave homme.

LAURENT, le reconnaissant.

Tiens ! monsieur Charançon!

MARTIN, relevant vivement la tête.

Charançon !

CHARANÇON, à part.

Imbécile ! (Prenant Olympia par la main.) Venez, chère amie, venez! au revoir, cher.

MARTIN, les arrêtant et ôtant sa casquette.

Pardon, Monsieur, vous vous nommez Charançon ?

CHARANÇON, embarrassé.

Oui, oui... sans doute.

MARTIN.

En effet, je vous reconnais... Je désirerais vous dire un mot... en particulier...

CHARANÇON.

Mais c'est que...

MARTIN.

Rien qu'un petit mot !

CHARANÇON, faisant un pas en avant.

Allons, dépêchons, car ma femme est très-pressée.

MARTIN, s'approchant et le regardant en face.

Canaille !

CHARANÇON.

Monsieur ! (Martin remet sa casquette et tourne le dos à Charançon sans lui répondre.)

LAURENT, à Martin.

Voilà vingt sous !

MARTIN, vivement.

Donne, mon garçon... cet argent-là, je ne l'ai pas volé, moi ! (Olympia appelle dans l'hôtel.)

CHARANÇON.

Me voilà, chère amie, me voilà ! (Il entre à l'hôtel, suivi par Laurent et un autre garçon qui porte les malles.)

SCÈNE VI.

MARTIN, FÉLICIEN.

MARTIN, montrant le poing pendant la sortie de Charançon.

Il y a deux ans que ça m'étouffait!.. Ouf! j'ai vu le moment où je lui tombais dessus. (S'essuyant le front avec son mouchoir.) Avec tout ça me v'là en nage ! (Il pose ses crochets à terre, contre la maison de gauche, en s'asseyant dessus.) Ah ! mes vieilles jambes ne valent plus ce qu'elles valaient autrefois... les ressorts sont rouillés... (Félicien, qui était resté au fond, s'avance comme pour parler à Martin, mais il s'arrête tout à coup.) Ah ! v'là l'autre, maintenant... lui, c'est autre chose !

FÉLICIEN, à part, embarrassé.

Ça me reprend... le frisson... la frayeur...

MARTIN, à part.

Oui, oui... tourne autour du pot, mon bonhomme!.. Je vois bien ce que tu voudrais !

FÉLICIEN, à part.

Ah! tant pis... je n'ose pas... (Il va pour rentrer; Martin tousse; Félicien s'arrête, se retourne, et Martin, sans le regarder, lui tend silencieusement la main. Félicien s'élance et la saisit avec joie.) Ah ! monsieur Martin, y a-t-il longtemps que j'attendais ça !

MARTIN, avec malice.

Je croyais que vous deviez faire le plongeon par-dessus la jetée?

FÉLICIEN.

Oui, oui... j'y avais d'abord pensé, mais...

MARTIN.

Mais il parait que vous n'aviez pas de goût pour l'eau salée...

FÉLICIEN.

Et puis, je vais vous dire... Au moment de piquer une tête, il m'a poussé une idée que je n'avais jamais eue... Si je travaillais? me suis-je dit... essayons!... J'ai essayé... j'ai mordu à la chose... Ça m'a rattaché à l'existence, oh! mais... ferme!.. Et me voilà!

MARTIN.

Pardi!.. se jeter à l'eau, se tuer... la belle avance!.. Il n'y a que les lâches qui se tuent! Mais quand on a du cœur et de bons bras, on cherche à réparer ses fautes... on travaille!... Faites d'un coquin un travailleur, et le voilà honnête homme!

FÉLICIEN.

Je l'ai bien compris! j'ai vu la pente fatale où je glissais, et j'espère m'être arrêté à temps.

MARTIN.

Oui, il y avait du bon en vous, jeune homme... Depuis longtemps je vous observe, sans en avoir l'air, j'ai causé quelquefois avec vos chefs, je sais que vous avez gagné leur estime... et ça vous a rendu la mienne... L'estime d'un commissionnaire du coin de la rue... ce n'est pas grand'chose... mais enfin!... (Félicien, ému, se détourne et porte la main à ses yeux.) Allez!... allez!... ne vous gênez pas... il n'y a que les mauvaises natures qui ne pleurent jamais... (Après un temps.) Ah!... si le gas se conduisait comme vous!.. Mais non... pas de nouvelles... Vous verrez qu'il aura recommencé ses cascades.

FÉLICIEN.

Qui sait?.. Vous voyez, il ne faut pas désespérer de la jeunesse... Armand peut s'amender, revenir au bien.

MARTIN.

Non, non... le pli était pris... il n'y a pas de ressource... Malheureux enfant!.. Ah! je l'aime toujours, monsieur Félicien, je l'aime toujours!.. si vous saviez à quoi il m'oblige, pourtant!.. Chaque jour des mensonges à sa mère, des lettres qu'il faut supposer, inventer... Heureusement qu'il y a un petit ange qui m'a compris et qui m'aide à tromper ma pauvre femme, que la vérité conduirait au tombeau.

FÉLICIEN.

Votre filleule, mam'selle Amélie?

MARTIN.

En v'là une qui mériterait d'être plus heureuse dans ses affections... mais j'ai mon idée... et si monsieur mon fils s'est rendu indigne d'elle, c'est pas une raison pour qu'elle coiffe sainte Catherine. (Lui frappant sur l'épaule.) J'ai mon idée, que je vous dis...

FÉLICIEN, à part.

Est-ce que par hasard... il penserait... Eh bien, et Armand? Ah! mais non, non!

MARTIN.

Chut!.. j'aperçois ma femme... pas un mot de tout ça devant elle.

FÉLICIEN.

Soyez tranquille; d'ailleurs, je vous quitte... j'ai une petite démarche à faire... des renseignements à prendre... Ensuite, je viendrai faire un léger somme, car voilà deux nuits que je passe, sans que ça paraisse...

MARTIN.

Vous mettrez les morceaux doubles à la première occasion. Allons, sans adieu! (Il lui tend la main.)

FÉLICIEN.

Voilà une poignée de main que je ne donnerais pas pour une année d'appointements.

MARTIN, gaiement.

Bah! c'est pas si cher que ça!... (Félicien sort. Geneviève est entrée pendant les derniers mots; elle est vêtue très-simplement et porte un panier à son bras.)

SCÈNE VII.

MARTIN, GENEVIÈVE.

MARTIN.

Ah! ah! te voilà, la mère la soupe? Tu arrives joliment; j'ai fait une rude matinée, va! ce soir, nous mettrons au moins cent sous dans la tirelire.

GENEVIÈVE.

Si tu crois me faire plaisir!... tu t'éreintes, tu te perds la santé, et ça me saigne le cœur de voir ça.

MARTIN.

Bah! quand j'étais rentier, j'engraissais, je tournais à la vieille bête... Voyons, faudra-t-il gronder la cuisinière, aujourd'hui?

GENEVIÈVE.

ôte-moi ce potage-là, mon homme!

MARTIN, flairant la soupe et allant s'asseoir sur ses crochets, dont il fait un banc.

Hum!.. qué fumet!... un vrai potage de cordon bleu! Le sous-préfet n'en a pas de meilleur! (Il se met à manger.)

GENEVIÈVE.

Sans compter une chopine de bon vin que j'ai prise pour toi.

MARTIN.

Du vin! du vin aussi! C'est trop, Geneviève, tu me gâtes! tu me gâtes!

GENEVIÈVE, se plaçant près de lui.

Dame! faut bien te soutenir un peu... quand je songe à tout le mal que tu te donnes. Si tu m'avais écoutée, avec le peu qui nous restait, nous aurions mangé du pain, tranquilles dans un coin.

MARTIN.

Et puis, dans quelques années, nous aurions été mourir à l'hôpital... Non... non! quand le bouillon est bu, faut remplir la marmite.

GENEVIÈVE.

A ton âge... faire un métier pareil!

MARTIN.

Quand on n'en a pas d'autre, on fait ce qu'on peut dans ce monde et personne n'a rien à y voir. D'ailleurs, j'y ai mis bon ordre. (Se levant.) Le jour où j'ai rattaché sur ma veste la plaque de commissionnaire : Attends un peu, que j'ai dit, nous allons mettre à côté ma médaille de soldat! Travail, patrie! Deux belles choses qui vont bien ensemble. C'est pas les paresseux et les filous qui portent ça sur la poitrine! Et s'il se trouve des blagueurs, on leur dira : Saluez et taisez-vous!

GENEVIÈVE, le regardant avec admiration.

Pauvre cher homme!

MARTIN, se replaçant près d'elle.

Et puis, bah!.. ça me rajeunit de vingt ans de me trouver là! Te souviens-tu, Geneviève, lorsque tu venais m'apporter mon dîner?

GENEVIÈVE.

Ici, à cette même place.

MARTIN.

Et qu'assis tous deux sur mes crochets...

GENEVIÈVE.

Comme nous voilà...

MARTIN.

Vêtus comme nous voilà...

GENEVIÈVE.

Et pas plus riches que maintenant...

MARTIN.

Nous parlions de notre tendresse...

GENEVIÈVE.

De nos économies...

MARTIN.

Et de notre garçon!

GENEVIÈVE.

Je priais Dieu alors de nous le garder.

MARTIN.

Et tu le pries maintenant de nous le rendre... Ça viendra, ma femme, ça viendra... Allons, à ta santé... à la sienne.

GENEVIÈVE, tristement.

Où est-il, maintenant?

MARTIN, à part, voyant Amélie qui paraît au fond.

Bon! v'là Mélie.

SCÈNE VIII.

LES MÊMES, AMÉLIE.

AMÉLIE, à part.

Ils sont ensemble... c'est le moment! (Accourant et gaiement.) Bonne nouvelle, mon parrain, bonne nouvelle!

GENEVIÈVE, vivement.

Hein?.. quoi donc? Qu'y a-t-il?

AMÉLIE.

Tout à l'heure, en revenant de mes leçons, j'ai rencontré le facteur, et il m'a remis une lettre de lui.

GENEVIÈVE.

Une lettre d'Armand!

MARTIN, à part.

Celle que j'ai dictée ce matin à la petite!

GENEVIÈVE.

Et toi, tu restes là... tu ne bouges pas... Mais viens donc écouter.

MARTIN.

Donne-moi donc le temps!

GENEVIÈVE, impatiente.

Ah! Dieu! si je savais lire!.. Lis-nous donc ça, Mélie.

AMÉLIE, lisant.

« Mes bons parents!.. ma santé est excellente, et j'espère qu'il en est de même du vôtre... »

GENEVIÈVE.

Cher enfant! grâce au ciel il se porte bien!

AMÉLIE, lisant.

« Je travaille avec ardeur, je gagne de l'argent gros comme moi, et, un jour où l'autre, je vous rendrai le bonheur avec lequel je vous embrasse tendrement. »

GENEVIÈVE.

Et parle-t-il de son retour?

MARTIN.

Attends donc, elle va sans doute y arriver.

AMÉLIE, lisant.

« Notre départ n'est pas encore fixé... »

GENEVIÈVE.

Mon Dieu!

AMÉLIE, lisant.

« Mais le capitaine Dubourg vous fait bien ses compliments, sans compter mes respects que je joins à la présente, avec un souvenir pour Mélie, dont je suis toujours le frère, en attendant mieux, ce qui fait que je reste votre fils pour la vie.... Armand. »

MARTIN, riant sous cape.

Écrit-il bien, ce gaillard-là!

GENEVIÈVE, d'une voix étouffée.

Un avocat!

MARTIN.

Ah! c'est juste, un avocat.

GENEVIÈVE.

C'est tout?

MARTIN.

Tu n'en trouves pas assez?

AMÉLIE, prenant la lettre.

Pardon, mon parrain... il y a un post-scriptum... voyez, là, au bas de la page.

MARTIN.

Au bas de la page? (A part.) Il n'y avait rien ce matin, au bas de la page.

GENEVIÈVE.

Voyons... lis donc!

MARTIN, lisant timidement.

« Quand cette lettre vous parviendra, l'hiver ne sera pas loin... L'hiver, pendant lequel les privations deviennent plus difficiles à supporter. » (A part.) Je n'ai pas dit un mot de ça!

GENEVIÈVE.

Après? après?

AMÉLIE.

« L'idée que vous auriez à en souffrir me rendrait le plus malheureux des hommes. Je vous prie donc d'accepter ce billet de cinq cents francs, que je vous adresse. »

GENEVIÈVE.

Cinq cents francs!..

MARTIN.

Comment! cinq cents francs!... Ah! mais non, je n'entends pas ça, par exemple.

AMÉLIE.

Comment! vous ne voulez pas recevoir l'argent que votre fils vous envoie?

MARTIN.

Mon fils! mon fils!.. enfin ça me déplaît, ça me fâche!

GENEVIÈVE.

Et pourquoi donc?

MARTIN.

Parce que... parce que...

AMÉLIE.

C'est le produit de son travail... de ses économies...

GENEVIÈVE.

Il nous sait dans le malheur, il nous vient en aide... c'est tout naturel!

AMÉLIE.

C'est tout naturel, mon parrain.

MARTIN, bas.

Oh! toi, tu ne risques rien!

GENEVIÈVE.

Et au fait, ça t'apprendra à faire des folies!

MARTIN.

Bon! bien! c'est M. mon fils qui va les réparer, à cette heure.

GENEVIÈVE.

C'est son devoir!

AMÉLIE.

Oui, mon parrain, c'est son devoir!

MARTIN, à part.

Me jouer un tour pareil! petite sournoise!

GENEVIÈVE.

A-t-on vu cette idée qui te prend? Rougir d'accepter cette marque de tendresse!.. Pour faire de la peine à ce cher petit!.. pour le mortifier!... Eh bien! moi, je serai moins fière... et je le prends, cet argent béni!

MARTIN, d'un ton bourru.

Eh ben, c'est bon!.. prends-le et va-t-en!.. et laisse-moi tranquille!

GENEVIÈVE.

Oui, je m'en vais... oui, je m'en vais... Je vais prier pour lui, ce cher enfant!.. et faire brûler un cierge pour son prompt retour... Viens-tu avec moi, Mélie?

AMÉLIE.

Oh! oui, marraine, avec plaisir.

MARTIN.

C'est ça, allez, allez ensemble! Vous vous entendrez bien toutes les deux.

GENEVIÈVE.

Mieux qu'avec toi!... Le vaniteux!.. A-t-on jamais vu! (Elle remonte au fond.)

MARTIN, bas à Amélie.

Passe pour cette fois... mais si tu recommences... (Il lui prend la tête et l'embrasse.)

GENEVIÈVE.

Viens donc, Mélie, viens donc! (Elles sortent par le fond.)

SCÈNE IX.

CHARANÇON, OLYMPIA, sortant de l'hôtel, MARTIN, allant se rasseoir sur ses crochets.

CHARANÇON.

Ne te fâche pas, chère amie; puisque tu le veux absolument, je vais aller prendre un bain de mer. J'ai horreur de l'eau froide; mais du moment que ça te fait plaisir...

OLYMPIA.

Taisez-vous et partez!.. Voici l'heure de la marée... Les bains froids sont excellents pour les rhumatismes.

CHARANÇON.

Quand on en a; mais quand on n'en a pas, ça en donne.

OLYMPIA.

Vous ne savez ce que vous dites! Allez, et ne raisonnez pas!...

CHARANÇON.

Oui, chère louloute... (s'arrêtant.) Ah! à propos... je n'ai plus d'argent.

OLYMPIA.

Déjà!.. Tenez, voilà deux francs, et rapportez la monnaie.

MARTIN, à part.

En voilà une qui nous venge du Charançon!

OLYMPIA.

Moi, pendant ce temps, je vais visiter les bâtiments du port... on les dit très-beaux.

CHARANÇON.

Comment! seule!

OLYMPIA.

Pourquoi pas? les marins sont remplis d'égards avec les dames.

CHARANÇON.

Cependant... permets...

OLYMPIA.

Assez!... je le veux!

CHARANÇON.

C'est différent!... A bientôt! chère amie.

OLYMPIA, sèchement.

Bonjour!

CHARANÇON, à part, en sortant.

Brrr!.. Je grelotte d'avance!

OLYMPIA, après la sortie de Charançon, et allant à Martin.

Mon brave homme...

MARTIN, se levant.

Madame?

OLYMPIA.

Je... je veux faire une surprise à mon mari... ce monsieur qui était là... Quand il reviendra du bain, vous lui remettrez cette lettre. Voici pour la commission.

MARTIN.

Vingt francs! vous vous trompez, Madame.

OLYMPIA.

Gardez! gardez! (En souriant.) Je ne donne jamais moins... (A part.) Brave homme! je lui dois bien ça!

MARTIN.

Pardon, Madame, je ne demande pas de secours, je travaille; donnez-moi vingt sous, c'est le tarif.

OLYMPIA, reprenant la pièce et lui donnant vingt sous.

Allons! puisque vous le voulez!.. N'oubliez pas. (Elle sort par le fond.)

MARTIN.

Elle croyait me faire l'aumône, la descendante des Cracoriski! (On entend un coup de cloche sur le port. — Des voyageurs avec des paquets, des malles, traversent le théâtre.)

LE GARÇON D'HÔTEL, sur la porte de l'hôtel.

Père Martin, allons, vite, par ici... une brouettée de bagages à conduire. V'là le paquebot qui chauffe. (Martin met la lettre et les vingt sous dans sa poche, puis il entre dans l'hôtel; peu à peu tout le monde s'éloigne et l'on voit arriver par le fond Armand, portant le costume des matelots de la marine marchande; il est pâle, abattu, et ses vêtements sont usés et flétris.)

SCÈNE X.

ARMAND, seul.

Près du port... en face de l'hôtel Britannique... c'est là, m'a-t-on dit, que je trouverai mon père. (Regardant autour de lui.) Peut-être habite-t-il maintenant dans cette maison. Mais pourquoi a-t-il quitté la sienne, lui qui s'y trouvait si heureux?.. Depuis ce matin, j'erre de côté et d'autre sans oser venir jusqu'ici. M'a-t-il pardonné? Croira-t-il à mon repentir?.. Et ma mère? Et Amélie? Sans doute ils m'accusent tous d'indifférence et d'oubli!.. Ah! c'est trop attendre... c'est trop souffrir!.. Frappons à cette porte!..(Il va pour frapper à la maison de gauche, mais il s'arrête à la voix de Martin.)

MARTIN, dans l'hôtel.

C'est bon! c'est bon!.. je n'ai besoin de personne. J'en ai roulé bien d'autres!

ARMAND.

Oh! mon Dieu!.. cette voix! c'est la sienne! (Martin sort de l'hôtel, poussant devant lui une brouette chargée de toutes sortes de paquets et de malles.) Mon père!.. mon père! (Il s'appuie, chancelant, contre la muraille.) Ah! qu'ai-je fait, malheureux, qu'ai-je fait! (Martin est sorti par le fond.) C'est donc pour cela qu'on ne répondait pas à mes questions... on n'osait pas me dire la vérité... lui, mon p... Oh! mon Dieu! voilà donc le châtiment que vous me réserviez?.. (Il tombe accablé sur la borne près de laquelle sont encore déposés les crochets de Martin.)

SCÈNE XI.

ARMAND, AMÉLIE, GENEVIÈVE.

GENEVIÈVE, au fond.

Oui, fillette, c'est possible... j'ai eu tort d'être si vive avec ce bon Martin.

AMÉLIE.

Je suis bien sûre que mon parrain n'y pense déjà plus.

GENEVIÈVE.

C'est égal... je ne peux pas rester une minute fâchée avec lui. Il est là... je veux l'embrasser... (Elle s'approche et s'arrête à la vue d'Armand.)

Ce n'est pas lui!

AMÉLIE, vivement.

Ah! mon Dieu!

GENEVIÈVE, tremblant.

Ma mère!..

ARMAND, relevant la tête et courant à Geneviève.

AMÉLIE.

Armand!.. (Armand embrasse sa mère, puis Amélie. — Tous trois se regardent en se tenant les mains et sans pouvoir parler.)

GENEVIÈVE.

Mon Armand!.. c'est donc toi!.. Et ton père... tu as vu ton père?...

ARMAND.

Oui mère... oui... je l'ai vu... roulant devant lui de lourds fardeaux.

GENEVIÈVE.

Ah! oui... je comprends... ça t'a fait peine aussi, à toi.

ARMAND.

Je suis resté immobile et sans voix... et je suis tombé, désespéré, sur cette pierre.

GENEVIÈVE.

Que veux-tu, mon ami? ton père avait commis une grande faute, et, depuis deux ans, il l'a cruellement expiée.

ARMAND.

Lui... ma mère?..

AMÉLIE, bas, à Armand.

Oh! je vous en prie... pas un mot... elle ne sait rien.

GENEVIÈVE.

Faut pas lui en vouloir... il croyait doubler sa fortune et faire notre bonheur à tous. Et, au lieu de ça, d'abord il a fallu vendre notre maison pour faire face au plus pressé. Et puis les frais, les intérêts, ont mangé les trois quarts de ce qui nous restait. — Cette chère enfant ne voulait-elle pas nous donner sa dot!.. Mais ton père s'est fâché tout rouge... moi aussi! Alors il a repris bravement ses crochets. «Vois-tu, femme, me disait-il, notre fils peut ne pas réussir, faut pas qu'il puisse accuser son père d'avoir gaspillé son patrimoine. Je veux, quand il reviendra, qu'il trouve notre honneur sauf et un morceau de pain sur la planche.» (Armand se cache la tête dans ses mains.)

AMÉLIE.

Monsieur Armand, ne vous désolez pas, ça ferait trop de peine à votre père.

GENEVIÈVE.

Ça serait comme un reproche.

ARMAND.

Un reproche à lui! quand c'est moi... moi seul...

AMÉLIE, montrant Geneviève.

Plus bas!... plus bas, je vous en conjure!

GENEVIÈVE, regardant au fond.

Le voilà!.. le voilà qui revient!... Oh! mon Dieu!... la joie, le saisissement, il n'en faudrait pas davantage. Vite, cache-toi... laisse-moi le préparer.

AMÉLIE.

Oui... là... venez... venez... là. (Elle entraîne Armand sous la porte de l'hôtel, où ils disparaissent un moment.)

SCÈNE XII.

LES MÊMES, MARTIN.

MARTIN, à part.

Geneviève!

GENEVIÈVE, à part.

Comment lui annoncer?..

MARTIN.

Si je lui dis tout de suite ce que je viens d'apprendre sur le port, elle est capable de ne rester dans les bras.

GENEVIÈVE, jouant le calme.

Eh bien, mon homme!

MARTIN, de même.

Eh bien, ma femme!.. (Lui prenant les mains.) Ma bonne femme chérie!

GENEVIÈVE, l'observant.

Quoi donc?.. Qu'est-ce qu'il y a de nouveau?.. Rien de mauvais, n'est-ce pas?

MARTIN.

Mais non... mais non... puisque je ris... Tu vois bien que je ris, grosse bête.

GENEVIÈVE.

Je vois... je vois que tu pleures, au contraire.

MARTIN.

C'est vrai!... C'est possible!... Tu ne croirais jamais ce que je viens d'entendre raconter à deux pas par des camarades, des matelots... c'est superbe!

GENEVIÈVE.

Mais parle donc!.. car en vérité...

MARTIN.

D'abord, calme-toi... si tu n'es pas calme...

GENEVIÈVE.

Mais c'est toi qui ne l'es pas.

MARTIN.

Figure toi qu'hier, pendant la tourmente, le pilote Gérard a rencontré au large un navire à moitié désemparé; il l'a bien vite accosté et il a trouvé à bord deux hommes, rien que deux hommes, dont l'un pâle, étendu près du gouvernail, indiquait à l'autre, sur la boussole, la direction à suivre.

GENEVIÈVE.

Eh bien!.. après?..

MARTIN.

Ce navire, parti d'Australie il y a six mois, revenait avec une cargaison immense, plus d'un million! Assailli par d'affreuses tempêtes, repoussé vers les glaces du pôle, il semblait voué à une perte certaine; les privations, les fatigues, les souffrances inouïes réduisirent chaque jour l'équipage. Enfin, le capitaine, malade lui-même et blessé par la chute d'un mât, se trouva bientôt seul à bord avec un jeune matelot que le ciel avait préservé. Ce brave enfant ne perdit pas courage... Aidé des conseils de son chef, il parvint, à force d'énergie, à maintenir le navire dans sa route, puis à le gouverner. Trente jours et trente nuits durant ils marchèrent ainsi, lui dormant à peine une heure sur vingt-quatre, veillant à la barre, aux voiles, soignant son capitaine et sans doute aussi priant Dieu, qui suit de l'œil les nobles actions et les grands dévouements! Ce navire, c'était *le Neptune !..* Ce capitaine, rendu à la famille dont il est l'unique soutien, c'était Dubourg! Et son sauveur, c'était ton fils!

GENEVIÈVE.

Armand?

MARTIN.

Oui, la mère, notre Armand, notre fils, débarqué cette nuit à Fécamp, notre fils que tu vas revoir... embrasser... aujourd'hui, dans une heure, peut-être!

GENEVIÈVE.

Ah! mon pauvre homme! (Elle se jette dans ses bras.)

MARTIN.

Allons... allons... tu es prévenue, maintenant, pas d'émotion, pas de faiblesse!... Que diable! voilà bien les femmes... ça n'a pas plus de force... (Armand, qui a reparu depuis un moment, s'élance vers Martin, malgré Amélie, qui cherche à le retenir.)

ARMAND.

Mon père!...

MARTIN, poussant un cri.

Ah! mon pauvre enfant! (Il chancelle, il tombe épuisé dans les bras d'Armand. — Amélie et Geneviève se groupent auprès d'eux.)

SCÈNE XIII.

LES MÊMES, FÉLICIEN, DUBOURG, MATELOTS.

FÉLICIEN, donnant le bras à Dubourg, qui s'appuie sur une canne.

Venez, capitaine, appuyez-vous sur moi, ne craignez rien... Et vous, mes amis, suivez-nous.

FÉLICIEN, montrant la famille.

Tenez, les voilà tous réunis.

TOUS.

Le capitaine!

DUBOURG.

Armand Martin! tu ne m'as pas seulement sauvé la vie, tu as sauvé une grande et honnête maison de la ruine, et avec elle vingt familles qu'elle faisait vivre! Tiens, voilà ta récompense. (Il lui donne une lettre.) La maison Duhamel frères, du Havre, s'appellera désormais Duhamel, Martin et compagnie.

MARTIN.

Eh bien! femme, quand je te disais que ce gaillard-là réparerait un jour les folies de son père.

ARMAND.

Mon père!..

MARTIN, bas.

Tais-toi!.. tais-toi! elle ne sait rien.

SCÈNE XIV.

LES MÊMES, CHARANÇON.

CHARANÇON.

Sapristi!.. que c'était froid!.. j'ai besoin de faire un bon dîner pour me remettre.

MARTIN, l'apercevant.

Ah! c'est vous!... pardon... Cette fois, je n'ai rien à vous dire... mais j'ai un billet doux à vous remettre... un billet de votre femme.

CHARANÇON, surpris.

De ma femme !.. (Il l'ouvre vivement; un coup de canon se fait entendre au loin.)

FÉLICIEN.

Voilà un coup de canon qui ne fera de mal à personne aujourd'hui... c'est le paquebot d'Amérique qui sort de la rade.

CHARANÇON, hors de lui.

Ah! grand Dieu! ma femme... Ah! la malheureuse!

FÉLICIEN.

Eh bien?

CHARANÇON.

Elle passe à New-York... et toute ma fortune qui est sur sa tête!.. (Il veut courir, mais les forces lui manquent; il tombe anéanti sur une chaise que lui apporte le garçon d'hôtel.)

MARTIN, le regardant.

Bien mal acquis ne profite jamais!

FÉLICIEN.

Eh bien! père Martin, ce mari modèle que vous rêviez pour votre filleule?.. (Amélie se hâte de prendre le bras d'Armand.)

MARTIN, passant près de sa femme.

Dame! mon garçon, je crois qu'elle a mis la main dessus!

ARMAND.

Mon père, si Dieu nous accorde un fils, nous écrirons sur son berceau : Voué au travail!

MARTIN.

Et je le porterai à la mairie sur mes crochets!

FIN.

www.ingramcontent.com/pod-product-compliance
Lightning Source LLC
Chambersburg PA
CBHW070428080426
42450CB00030B/1827